宁夏南部地区方言语法比较研究

杨晓宇 著

黄河出版传媒集团
宁夏人民出版社

图书在版编目（CIP）数据

宁夏南部地区方言语法比较研究 / 杨晓宇著. —— 银川：宁夏人民出版社，2023. 12
ISBN 978-7-227-07926-2

Ⅰ. ①宁… Ⅱ. ①杨… Ⅲ. ①西北方言 - 语法 - 方言研究 - 宁夏 Ⅳ. ① H172.2

中国国家版本馆 CIP 数据核字（2023）第 256487 号

宁夏南部地区方言语法比较研究　　　　　　　　　　杨晓宇　著

责任编辑　管世献
责任校对　陈　晶
封面设计　姚欣迪
责任印制　侯　俊

 黄河出版传媒集团　宁夏人民出版社　出版发行

出 版 人　薛文斌
地　　址　宁夏银川市北京东路 139 号出版大厦（750001）
网　　址　http://www.yrpubm.com
网上书店　http://www.hh-book.com
电子信箱　nxrmcbs@126.com
邮购电话　0951-5052104　5052106
经　　销　全国新华书店
印刷装订　宁夏银报智能印刷科技有限公司
印刷委托书号　（宁）0028637

开本　787 mm×1092 mm　1/16
印张　13.25
字数　165 千字
版次　2023 年 12 月第 1 版
印次　2023 年 12 月第 1 次印刷
书号　ISBN 978-7-227-07926-2
定价　50.00 元

目 录

绪　论

一、宁夏南部地区

宁夏回族自治区地处我国西北地区东部，地势北低南高，北部属河套平原，南部为黄土高原边缘。南部地区现在包括固原市辖属的原州、彭阳、西吉、隆德、泾源五个县区和隶属中卫市的海原县。

在过去一段时间，宁夏南部地区的这六个县区都属于固原地区。1958 年 10 月宁夏回族自治区成立，当时所设的固原专区，辖西吉、海原、固原、隆德、泾源五县。1970 年，固原专区改为固原地区行政公署。1983 年，从固原县析出东南十五个公社成立彭阳县，至此固原地区行署下辖上述六县。2004 年，海原县划归中卫市。可以看出，在新中国成立后差不多半个世纪的时间里，这一片地区实际上同属于一个地级行政区。

宁夏南部地区人文历史底蕴深厚，地理环境特殊，既是农耕文化与游牧文化的接触过渡地带，又是中原文化与伊斯兰文化的交汇融合之处，同时也以山大沟深、闭塞落后、生活贫困而"名"闻天下。地理、历史、人文上的这种特殊性，使得宁夏南部地区的语言也呈现出了丰富、复杂的一面，值得重视和研究。

二、宁夏南部地区方言[①]

根据古入声的今调类等语音特点，宁夏境内的汉语方言可以划分为兰银官话、中原官话两部分。兰银官话主要分布于宁夏北部和中部部分地区，中原官话主要分布于宁夏南部地区原州区、彭阳县、海原县、西吉县、隆德县、泾源县，以及地处宁夏东部的盐池县东部地区和宁夏中部的同心县东南部地区。

宁夏南北中原官话、兰银官话的分布格局及地理分野的形成，与历史政区沿革及人口迁徙的背景有关。自西夏始，宁夏南北分治格局及行政区划大体形成。从西夏立国至宁夏回族自治区成立，宁夏南北分治近千年，这是宁夏两大官话的地理分布与历史上南北政区的地理分界大体重合的重要影响因素。从历史人口来源情况看：宁夏南部地区历史上大部分时期隶属中原王朝，方言文化与秦陇之地相仿；北部地区历史上大部分时期都处于中原汉族与西北众多少数民族变动不居的状态，难以形成稳定的汉语方言，直至明清时期，各地移民方言经数百年整合统一，才逐渐形成了比较稳定的兰银官话银吴片方言。

宁夏南部地区六县区方言分属中原官话之下的三个小片，其中原州区、彭阳县、海原县方言属于秦陇片，西吉县、隆德县方言属于陇中片，泾源县方言属于关中片。

---

① 主要参考张安生《宁夏境内的兰银官话和中原官话》，《方言》2008 年第 3 期；李树俨、李倩《宁夏方言的分区及其归属》和《宁夏方言的形成》，《宁夏方言研究论集》，北京：当代中国出版社，2001，第 4–23 页。

三、已有研究简要回顾

从 20 世纪 80 年代起，汉语方言语法研究开始由冷转热，较快地发展了起来。不过，直到现在，宁夏南部地区方言语法的研究尚未受到足够的重视，正式发表或出版的研究成果比较有限。有限的成果主要集中在以下四个方面：其一，重要论文，如马学恭《原州话否定词语札记》（1981）、杨子仪《原州话语法特点撮要》（1986）等；其二，方言志中的语法专章，如杨子仪、马学恭《固原县方言志》（1990）第四章"固原方言语法"；其三，地方志中"方言"部分里十分简略的语法描写；其四，相关研究中关于本地区方言语法的零散描写，如林涛《宁夏方言概要》（2012）、杨苏平《隆德方言研究》（2016）等。

总体来看，宁夏南部地区方言语法的研究还相当薄弱，这表现在：第一，参与研究的学者寥寥可数，成果十分有限；第二，少量的研究成果主要集中在对固原方言语法的研究上，其他五县方言语法的调查研究还相当薄弱；第三，已有成果在研究的广度、深度、视角和系统性等方面都还存在很大的开掘或提升空间。

四、调查地点

宁夏南部六个县区方言分别属于中原官话的秦陇片、陇中片、关中片，本项调查研究在这三个方言小片中选定原州区、西吉县、泾源县，分别作为三个小片的代表性方言区，对其方言语法进行对比性的调查研究，在此基础上，梳理和总结宁夏南部地区方言语法的整体面貌和特点。选定上述三个县区的方言，作为宁夏秦陇片、陇中片、关中片方言的代表方言，主要基于以下考虑。原州区为固原市政府所在地，是固原市政治、经济、文化中心，原州区方言在宁夏秦陇片方言中最具有代表性。西吉县无论从地域面积还是人口规模来说，与隆德县相比都具有较为明显的优势，因此陇中片方言选择西吉县方言作为代表。宁夏只有泾源县方言属于关中片，处于秦陇、陇中片包围之中，具有方言岛性质，关中片只能以泾源方言作为调查研究对象。

原州区位于宁夏南部、六盘山东麓，是革命老区、民族地区，是固原市委、市政府所在地。总面积 2739 平方公里，辖 7 镇 4 乡 3 个街道办事处。人口 47.13 万人，其中回族人口 21.07 万人，占 44.7%。[①]

西吉县位于宁夏南部、六盘山西麓，是革命老区、民族地区。总面积 3130 平方公里，辖 4 镇 15 乡。人口 47.5 万人，其中回族人口 28.4 万人，占 59.5%。[②]

泾源县位于宁夏最南端、六盘山东麓，是革命老区、民族地区。总面积 1131 平方公里，辖 4 乡 3 镇。人口 11.5 万人，其中回族人口 9.28 万人，占 80.7%。[③]

五、方言发音人

每个县区的调查，以县区政府所在乡镇或城区为主要调查点，兼及

---

① 原州区数据来自原州区人民政府官网 2023 年 7 月 3 日发布的《固原市原州区概况》，网址：http://www.yzh.gov.cn/mlyz/yzgk/yzjj/202307/t20230703_4165128.html。
② 西吉县数据来自西吉县人民政府官网 2022 年 7 月 22 日发布的《县情简介》，网址：https://www.nxxj.gov.cn/zjxj/xjgk/xjjj/202004/t20200413_2018832.html。
③ 泾源县数据来自泾源县人民政府官网 2023 年 8 月 29 日发布的《泾源简介》，网址：https://www.nxjy.gov.cn/zjjy/jygk/jyjj/202003/t20200318_1994079.html。

其他地方。

宁夏南部地区属于民族地区，各县区都有一定比例的回族人口。各地回族话在词汇、语音上与汉族话有一些细微的差异，语法上的差异相对来说不明显。本调查，原州和西吉方言只调查汉族话，泾源回族人口占比80%以上，因此泾源方言同时调查汉族话和回族话。

方言发音人情况列表如下。

表0-1　方言发音人

姓名	出生年	性别	民族	出生地	学历	职业	方言点
闫　胜	1963年	男	汉族	原州区西郊乡	初中	农民	原州区
孙晓莉	1962年	女	汉族	原州区黑城镇	本科	教师	原州区
段秀库	1957年	男	汉族	原州区彭堡镇	中专	教师	原州区
秦振华	1955年	男	汉族	西吉县吉强镇	大专	教师	西吉县
赵鹏举	1981年	男	汉族	西吉县硝河乡	本科	教师	西吉县
朱文博	1979年	男	汉族	西吉县苏堡镇	大专	教师	西吉县
冯天彪	1967年	男	汉族	泾源县香水镇	高中	工人	泾源县
杨四银	1957年	男	回族	泾源县香水镇	小学	农民	泾源县
马治平	1978年	男	回族	泾源县泾河源镇	本科	教师	泾源县

六、调查研究方法

首先对各调查点进行田野调查。为了采集到真实、自然的语料，使用了各种调查表，包括音系调查表、连读变调调查表、轻声调查表、儿化调查表、构词调查表、词类调查表、句式调查表。尤其是构词、词类和句式调查表，是笔者在前期调查研究的基础上，借鉴吸收前人相关成果，结合宁夏南部地区方言语法特点创制而成。

以比较的视角，对调查采集到的语料，进行分析、梳理和描写。比较既包括三个调查点之间的比较，是宁夏南部地区方言语法的内部比较；也包括将宁夏南部方言语法与普通话语法进行比较，这是向外的比较；还包括新老派之间的比较，这其实是一种历时视角的比较。

七、调查研究意义

宁夏南部地区方言语法的系统调查尚处于拓荒阶段。本项调查研究的相关成果可以补充和丰富宁夏方言语法研究和中原官话语法研究。尤其是在当今城镇化的背景下，汉语方言受到普通话的强烈冲击，语法面貌正发生着相当程度的改变，因此这项调查研究在采集和保存宁夏南部地区方言语法材料方面，更显出必要性。同时，本项调查研究还可为语言类型学、汉语语法史、语言接触学和普通话语法等多个领域的研究增添新的语料，补充新的成果。

八、其他说明

零声母用 [ø] 表示，如"噢"[øɔ21]；送气符号用 [h]，且不上标，如"怕"[pha44]；表示调值的数字不上标，如前；自成音节的辅音不加短竖线，如"嗯"[ŋ21]；标音时音节之间不空格，例如"下雨"[ɕia44øy53]；在国际音标后附"<"，表示该音为吸气音，如"唧"[tɕ21<]。

宁夏南部地区方言没有书面语，很多本字有待考证，因此用字从宽。具体来说，如果能找到本字就用本字，找不到本字，一般用方言中的同音字代替，一般不作特别标注。如果理解有困难，则在方言用字的右下角以小号字注明它的普通话意义。同音字指声韵完全相同，如果没有声韵相同的字代替，就以"□"代替。也有将两个字用 [ ] 括起来表示无法输入而临时组合的字，如 [乍舍]。

举例时"/"表示"或"，"（　）"表示可以不出现，"*"表示不成立，"？"表示有疑问或者不太符合本地语言习惯。

本处只有一个例句，前不加序号；两个以上的例句，前用英文小写字母标序。

宁夏南部地区方言，有时简称宁南方言或宁南话，原州方言、西吉方言、泾源方言，有时称为原州话、西吉话、泾源话。

举例如不特别注明，表明原州话、西吉话、泾源话都可说。

某个词如果宁南三地话都说，标音时以原州话的发音为依据标注。

第一章　语音分析

第一节　声韵调系统

一、声母

（一）原州话声母

原州话包括零声母在内，共 25 个。

P	ph	m	f	v
t	th	n		l
ts	tsh	s		
tʂ	tʂh	ʂ	ʐ	
tɕ	tɕh	ȵ	ɕ	
k	kh	ŋ	x	
ø				

声母说明：

唇齿清擦音 [f] 唇齿着势较轻，[v] 为 [f] 的浊音，唇齿着势较 [f] 更轻。

（二）西吉话声母

西吉话包括零声母在内，共 24 个。

P	ph	m	f	v
t	th			l
ts	tsh		s	
tʂ	tʂh		ʂ	ʐ
tɕ	tɕh	ȵ	ɕ	
k	kh	ŋ	x	
∅				

声母说明：

1.洪音前泥来母没有对立，同一字发音人有时读 [n]，有时读 [l]，如"南"，但多数字多数情况下读 [l]。本文统一记为 [l]，将偶读的 [n] 作自由变体处理。

2.[tʂ、tʂh、ʂ、ʐ] 组音与合口呼韵母相拼时，其实际音值更接近舌叶音 [tʃ、tʃh、ʃ、ʒ]，如"竹"[tʃ]、"初"[tʃh]、"书"[ʃ]、"软"[ʒ]等字发音。由于 [tʂ、tʂh、ʂ、ʐ] 组音与 [tʃ、tʃh、ʃ、ʒ] 组音开合互补，因而归并为一套音位，即 [tʂ、tʂh、ʂ、ʐ]。

（三）泾源话声母

泾源话包括零声母在内，共 25 个。

P	ph	m	f	v
t	th	n		l
ts	tsh		s	
tʂ	tʂh		ʂ	ʐ
tɕ	tɕh	ȵ	ɕ	
k	kh	ŋ	x	

ǿ

声母说明：

1. 双唇音 [p、ph、m] 声母与 [o]、[u] 韵母或以 [o]、[u] 开头的韵母相拼时，略带唇齿色彩 [pf、pfh、ɱ]。

2. 唇齿浊擦音 [v] 实际拼读中，浊音色彩不明显，实为半元音 [ʋ]。

3. [tʂ、tʂh、ʂ、ʐ] 组音与合口呼韵母相拼时，发音及音位归并与西吉话声母相同。

二、韵母

（一）原州话韵母

原州话共 32 个韵母。

ɿ 师丝试　　　　　　i 米戏急七一锡　　　　u 苦五猪骨出谷　　　　y 雨橘局

ʅ 十直尺

ɛr 二

a 茶瓦塔法辣八　　　ia 牙鸭　　　　　　　ua 刮

ɛ 开排鞋　　　　　　iɛ 写接贴节　　　　　uɛ 快

ɔ 宝饱　　　　　　　iɔ 笑桥

ɤ 歌热壳色　　　　　　　　　　　　　　　uɤ 坐过盒活托郭壳国　　yɤ 靴月药学

ei 赔飞北色白　　　　　　　　　　　　　　uei 对鬼国

əu 豆走　　　　　　　iəu 油六绿

æ̃ 南山半　　　　　　iæ̃ 盐年　　　　　　uæ̃ 短官　　　　　　　yæ̃ 权

ɑŋ 糖王　　　　　　　iɑŋ 响讲　　　　　　uɑŋ 床双

əŋ 深根灯升争横　　　iŋ 心新硬病星　　　　uŋ 寸滚春东　　　　　yŋ 云兄用

韵母说明：

1. 卷舌元音 [ɛr] 卷舌度较轻。

2. 舌面后高圆唇元音 [u] 在 [tʂ、tʂh、ʂ、ʐ] 后有读成舌尖前圆唇元音 [ʮ] 的趋向。

3. 舌面后半高不圆唇元音 [ɤ] 在 [p、ph、m、f、v、k、kh、ŋ、x] 后略带圆唇成分；复合元音 [uɤ、yɤ] 中的 [ɤ] 略带圆唇成分。

（二）西吉话韵母

西吉话共 32 个韵母。

ɿ 师丝试	i 米戏急七一锡	u 苦五猪骨出谷	y 雨橘局
ʅ 十直尺			
ər 二			
a 茶瓦塔法辣八	ia 牙鸭	ua 刮	
ɛ 开排鞋		uɛ 快	
ɔ 宝饱	iɔ 笑桥		
ə 歌盒热壳色	iə 写接贴节药学	uə 坐过活托郭壳国	yə 靴月
ei 赔飞北色白		uei 对鬼国	
əu 豆走	iəu 油六绿		
æ̃ 南山半	iæ̃ 盐年	uæ̃ 短官	yæ̃ 权
ɑŋ 糖王	iɑŋ 响讲	uɑŋ 床双	
əŋ 深根灯升争横	iŋ 心新硬病星	uŋ 寸滚春东	yŋ 云兄用

韵母说明：

1. 合口呼韵母与 [tʂ、tʂh、ʂ、ʐ] 组声母相拼时，[u] 的实际音值近似舌尖前圆唇元音 [ʮ]，如"竹" [ʮ]、"初" [ʮ]、"书" [ʮ]、"软" [ʮæ̃] 等字发音。

2.部分 [æ̃] 组鼻化音 [æ̃、iæ̃、uæ̃、yæ̃] 中 [æ̃] 的实际音值介于 [ɛ̃] 与 [æ̃] 之间，但更接近 [æ̃] 音。

3.绝大部分 [ɑŋ]、[iɑŋ]、[uɑŋ] 韵母的实际发音，鼻音韵尾偏弱，[ɑŋ] 有向 [ɔ̃] 过渡的趋向，如"党""江""光"等。

（三）泾源话韵母

泾源话共 32 个韵母。

ʅ 师丝试　　　i 米戏急七一锡　　　u 苦五猪骨出谷　　　y 雨橘局

ɿ 十直尺

ər 二

a 茶塔法辣八　　ia 牙鸭　　　　ua 瓦刮

ɛ 开排鞋　　　　　　　　　　　uɛ 快

　　　　　　　ie 写接贴节

ɔ 宝饱　　　　　iɔ 笑桥

ɤ 歌盒热壳色　　　　　　　　　uɤ 坐过活托郭国　　　yɤ 靴月药学

ei 赔飞北白　　　　　　　　　　uei 对鬼

əu 豆走　　　　iəu 油六绿

æ̃ 南山半　　　　iæ̃ 盐年　　　uæ̃ 短官　　　yæ̃ 权

ɑŋ 糖　　　　　iɑŋ 响讲　　　uɑŋ 床王双

əŋ 深根灯升争横　　iŋ 心新硬病星　　uŋ 寸滚春东　　yŋ 云兄用

韵母说明：

1.[u] 或 [u] 开头的韵母与 [tʂ、tʂh、ʂ、ʐ] 声母相拼时，接近舌尖前圆唇元音 [ʮ]，但唇形不是很圆。

2.[æ] 类韵母鼻化色彩不是很浓重，在鼻音、边音后比较明显，在擦音、塞音、塞擦音后不是很明显，其他 [ən]、[in]、[un]、[yn]、[ɑŋ]、[iɑŋ]、[uɑŋ] 略带鼻化色彩。

三、声调

（一）原州话声调

原州话有 4 个单字调。

阴平　[213]　东该灯风通开天春谷百搭节哭拍塔切刻六麦叶月

阳平　[24]　　门龙牛油铜皮糖红急毒白盒罚

上声　[53]　　懂古鬼九统苦讨草买老五有

去声　[44]　　冻怪半四痛快寸去卖路硬乱洞地饭树动罪近后

轻声调值为 [21]。

声调说明：

1. 阴平 [213]：开始的降程短，后部升调显著，快读时部分阴平字调与阳平调相似。

2. 上声 [53]：实际开始的音值略低，收音音值也略低，实际音值也可标为 [42]。

（二）西吉话声调

西吉话有 3 个单字调。

平声　[13]　东该灯风通开天春门龙牛油铜皮糖红谷百搭节急哭拍塔切刻六麦叶月毒白盒罚

上声　[53]　懂古鬼九统苦讨草老五有

去声　[44]　买动罪近后冻怪半四痛快寸去卖路硬乱洞地饭树

轻声调值为 [21]。

声调说明：

1.西吉话平声单读时不分阴阳，通常读为中升调，调值为 [13]。连读时阴平调字与阳平调字有完全不同的变调规律。

2.部分上声实际降程比 [53] 稍长，接近 [52]，按照多数情况统一记为 [53]。

（三）泾源话声调

泾源话有 4 个单字调。

阴平　　[31]　　东该灯风通开天春谷百搭节哭拍塔切刻六麦叶月

阳平　　[35]　　门龙牛油铜皮糖红急毒白盒罚

上声　　[53]　　懂古鬼九统苦讨草买老五有

去声　　[44]　　动罪近后冻怪半四痛快寸去卖路硬乱洞地饭树

轻声调值为 [21]。

声调说明：

部分上声实际降程比 [53] 稍长，接近 [52]，按照多数情况统一记为 [53]。

第二节　两字组连读变调

宁夏南部各县区方言声调系统有差异，两字组连读变调情况各不相同，比较复杂，不过也有一些共通性的变调规律。本书以原州方言两字组连读变调为例来说明。

原州方言单字调 4 个：阴平 213，阳平 24，上声 53，去声 44。轻声调值为21。原州方言的两字组连读变调和轻声,可分三类进行观察和讨论。

一、后虚类两字组

（一）后虚类的变调类型

两字组的后字为北京话中通常读为轻声的成分,意义有不同程度的虚化,本书把这类两字组暂称为后虚类,把这类两字组中的后字称为虚化成分。这类虚化成分包括动态助词"着、咧、过",结构助词"的",后缀或准后缀"子、儿、头、面、家",趋向动词"来、去、上、下",方位名词"里",语气词"呢"等。后虚类两字组在语流中以语音词的形式出现。林焘指出,普通话里有许多轻音音节的独立性非常差,它们只能依附于它前面的有声调的音节构成一个语音单位。[1]后虚类中的虚化成分在固原方言中也一样,往往是和前面有声调的音节构成一个语音单位,形成语音词。本类两字组连读变调情况见下表。

表 1-1　后虚类两字组连读变调表

阴平（213）+ 虚化成分	阳平（24）+ 虚化成分	上声（53）+ 虚化成分	去声（44）+ 虚化成分
21+24	24+21	53+21	44+21
开咧　公的	活咧　长的	走咧　煮过	近咧　大的
花儿　沙子	昨儿　门子	苦的　耍头	后头　性子
东面　收下	南面　寻上	马家　死去	赵家　过来
心里　吃呢	头里　学呢	水里　走呢	信里　尿呢

后虚类两字组的连读变调有两种模式:第一种是前字阴平类,前字调值由 213 变为 21,后字调值变为 24;第二种是前字非阴平（阳平、上

---

[1] 林焘:《现代汉语轻音和句法结构的关系》,载马庆株《二十世纪现代汉语语法论文精选》,北京:商务印书馆,2005,第 404-420 页。

声、去声）类，前字读本调，后字调值变为 21。

（二）"阴平 + 虚化成分"的连调式性质

前字非阴平类两字组，连调式为"本调 +21"，都是轻声两字组。从语义上说，这些两字组的后字语义虚化，在北京话及其他北方方言里，这类两字组一般都是轻声字组。不管后字原调是什么，在这里都中和为一种调，调值 21，符合北方方言轻声的一般变化规律。相较于本方言中的四个单字调，21 调值轻短，符合轻声的语音特征。

前字阴平类两字组，连调式为 21+24，后字并不轻短，但应看作音系学意义上的轻声两字组。

第一，这类两字组的后字意义虚化，语法、语音上都有较强的依附性，在语流中往往与前字融合成为一个整体。作为一个语义、语法、语音整体，不需要字字重读，因此这类两字组在北京话及其他北方方言里一般都是轻声字组。

第二，一般的连读变调，是自右向左的作用，左字怎么变取决于右字的调类，而轻声的声调变化是自左向右的作用，右字怎么变取决于左字的调类。"阴平 + 虚化成分"两字组，不是右字控制左字，而是左字控制右字，即不论右字原调是什么，只要左字是阴平调，右字就会变为上声调 24。这显然属于轻声音变。例如：

张家：213+213→21+24　　花儿：213+24→21+24

心里：213+53→21+24　　收下：213+44→21+24

第三，这类两字组的连读变调，具有调位中和的轻声音变特征。后字不论原调是什么，在这类两字组中都失去了原调而趋同为同一调，调值 24。

第四，同属一个方言，阳平、上声、去声字后跟这类虚化成分都是轻声字组，阴平字后跟这类虚化成分也看作轻声字组，音系结构上则更为严整统一。

那么，"阴平＋虚化成分"为什么没有和后虚类其他两字组一样，采取更为常见的后字轻轻声形式？原因在于：这类两字组的前字是阴平字，调值213，是曲折调，连读时为了避免发音拗口必然要变。213的变调一般采取两种策略：第一是只保留曲折调前半程，变为21短降调，第二是整个调型由曲变直，变为音感最接近的24上升调。如果这类两字组采取后字轻形式，后字的调值就要变为本方言轻声调值21，这时候：如果前字采取第一种策略变为21，整个连调式就成了21+21，前后两部分都是短降音，字组整体发音过于低短，不可取；如果前字采取第二种策略变为24，整个连调式就成了24+21，这又和本类中"阳平＋虚化成分"的变调式24+21雷同了，也不可取。可见，"阴平＋虚化成分"没有办法选择一般的后字轻形式。

二、叠字类两字组

（一）叠字类的变调类型

本类两字组的连读变调情况见下表。[①]

---

① 原州方言中动词没有重叠式。

表 1-2　叠字类两字组连读变调表

	阴平（213）重叠	阳平（24）重叠	上声（53）重叠	去声（44）重叠
名词 量词 I （非周遍）	21+24 花花　铁铁　刷刷 天天　家家　斤斤[1]	24+21 毛毛　房房　牛牛[2] 层层　条条　门门[3]	53+21 板板　眼眼　网网 本本　场场　把把[4]	44+21 道道　树树　布布 件件　顿顿　句句[5]
量词 II （周遍）	24+21（213） 天天　家家　斤斤[6]	24+24 层层　条条　门门[7]	53+53 本本　场场　把把[8]	44+44 件件　顿顿　句句[9]
形容词 副词[10]	21+24 高高　热热　辣辣 乖乖　悄悄　偏偏[11]	24+24 红红　长长　实实 明明　活活　白白[12]	53+24 浅浅　满满　老老 美美　远远　好好[13]	44+44 嫩嫩　硬硬　碎碎[14] 快快　慢慢　定定[15]

"叠字类"两字组连读变调包括三类。

第一类，重叠式名词和量词 I 的连读变调，量词 I 重叠不表示周遍意义。如果基式是阴平字，叠字组变调形式为 21+24，前后字都发生变调；如果基式是非阴平字，叠字组前字读本调，后字调值变为 21。

①例如：按天天算、按家家收、几斤斤苹果。
②"牛牛"指小虫子。
③例如：三四层层、两条条烟、几门门课。
④例如：三本本书、喝咧两场场酒、几把把香蕉。
⑤例如：几件件衣裳、三顿顿饭、几句句话。
⑥例如：天天不着家、家家都有车、斤斤计较。
⑦例如：层层都有人站岗、条条大路通罗马、门门课不及格。
⑧例如：（一共三本作业）本本都是胡写乱画、贼娃子打官司场场输、把把都赢着呢。
⑨例如：件件都不合适、顿顿要吃米饭呢、句句在理。
⑩这里的"副词"是指重叠式整体的词性。
⑪例如：个子高高的、炕热热的、辣辣的吃去刚美、乖乖地吃咧、悄悄说、帽子偏偏戴着呢。
⑫例如：眼睛红红的、尾巴长长的、捂得实实的、明明错着呢、活活气死了、白白弄着呢。
⑬例如：水浅浅的、装得满满的、老老一个人、美美吃咧一顿、远远瞅着呢、好好说话。
⑭"碎"是小的意思，"碎碎"就是"小小"的意思。
⑮例如：韭菜嫩嫩的、肉硬硬的、碎碎的个娃娃、快快写、慢慢走、定定站下。

第二类，重叠式量词Ⅱ的连读变调，量词Ⅱ重叠表示周遍意义。如果基式是阴平字，叠字组变调模式通常是24+21，前后字都发生变调。在特别强调的情况下，该叠字组后字可读全调213，连读形式为24+213。如果基式是非阴平字，叠字组前后字都读本调，不发生变调。

第三类，重叠式形容词和副词的连读变调。基式为阴平字时，重叠式通常的变调形式为21+24。基式为上声字时，重叠式前字读本调，后字调值通常变为24，变调形式为53+24。基式为阳平字或去声字时，重叠式通常前后字都读本调，不发生变调，连读形式分别为24+24和44+44。

（二）名词和量词Ⅰ的重叠式

名词和量词Ⅰ两字组的重叠变调，与后虚类两字组的连读变调模式相同：基式为阴平字时，变调式为21+24；基式为阳平、上声、去声三类非阴平字时，变调式为"本调+21"，即24+21、53+21、44+21。这表明，这两类变调的性质有相通之处。

基式为非阴平字时，不论基式本调是什么，重叠式后字调都中和为本方言的轻声调21，说明名词和量词Ⅰ类，基式为非阴平字时重叠式都是轻声字组。

基式为阴平字的重叠变调式21+24，也应看作音系学意义上的轻声调式。第一，同样都是名词和量词Ⅰ的重叠变调，语法意义一致，语法结构一致，在语音轻重性质上也应当一致。第二，在北方方言中，这种类型的名词重叠式普遍都是轻声两字组。

（三）量词Ⅱ的重叠式

量词Ⅱ的重叠表示周遍意义，强调"每一"，意义表达有加重强调的需要。意义表现到语音上，重叠式连读变调应该重读，而不应该轻读。从连读实际来看，三种非阴平字的重叠连读，前后字都读本调值，连读式 24+24、53+53、44+44，确属重读而非轻读。由此推断，本类中的阴平字重叠式（24+21 或 24+213）也应该是重读，而不是轻读。

实际情况有点复杂。本来为了强调"每一"意义，阴平字重叠式应该和非阴平重叠式一样，前后字都读本调，连读形式应为 213+213。不过，由于两个曲折调相连，都按本调发音会很拗口，于是前阴平字变读为 24，重叠式就变成了 24+213。显然，24+213 还是重读调。不过，后字曲折调 213 在语流中要读完整比较费时费力，所以除非特别强调，一般情况下后字曲折调 213 都只发前半程音 21，这就出现了 24+21 调。可见，24+21 实际上已经不是重读调了，后字语音有明显轻化。

量词Ⅱ的阴平字重叠式 24+21 尽管后字语音有轻化，但其性质与一般所说的轻声不同。第一，在需要特别强调的情况下，后字的调值可以从 21 恢复到本调值 213，连调式 24+21 就又变成了重读调 24+213。第二，这种连读变调后字调值的变化，是纯粹的语音变化，与语义、语法层面的因素无关。为了与轻声相区别，可以把这种性质的语音轻化现象叫轻音。

（四）形容词和副词的重叠式

这类连读变调表面上看起来比较复杂，但实际上规律很简单。形容词和副词重叠式，具有描摹强调性质，表现到语音上，字组要重读而不能轻读。同时，发音拖长是实现强调的重要方式。因此，本类连读变调后字要选择便于拖长的形式。

基式为阳平或去声字的重叠式，基式本来的调值 24 或 44 都便于拖长，因此这两种重叠式通常情况下前后字都读本调，连调式为 24+24 或

44+44。基式为阴平字的重叠式，阴平字本调为曲折调213，作为连读后字因为调型里有拐弯不便于拖长强调，因此发生变调，变为最易于拖长强调的上声调24，作为连读前字为了避免发音拗口也发生变调，变为21调，连调式为21+24。基式为上声字的重叠式，基式的本来调值53，音高逐渐下降，且可拖长的余地有限，因此重叠式后字也变为最易于拖长强调的上声调24，连调式为53+24。

显然，形容词和副词的重叠式连读变调，都属于重读变调。这类重叠式在实际语流中，如果发音时感情色彩比较强烈，重叠式后字往往会拖得特别长，调值会超出表1-2的描写。

三、一般类两字组

（一）一般类的变调类型

本书所说的一般类，指除了上文讨论的后虚类和叠字类以外的其他两字组。本类两字组连读变调情况见下表。

表1-3　一般类两字组连读变调表 [①]

	阴平（213）	阳平（24）	上声（53）	去声（44）
阴平 （213）	24+213 <u>开车</u> <u>出力</u> <u>吃药</u> <u>高低</u> <u>烘热</u> <u>天黑</u> 24+21 钢铁 西瓜 八百 中央 飞机 花生	21+24 抓贼 开门 心齐 新娘 操劳 克服 公平 高粱 灰尘 六十 笔墨 木材	21+53 收礼 浇水 枪响 抓紧 科长 加减 风水 东海 作品 辛苦 六两 月饼	21+44 开店 交货 胸闷 加重 锅盖 希望 书记 力量 木器 兄弟 公道 热闹

---

① 表中两字组下划横线，表示也可按本格中另一种连调式读。

续表

	阴平（213）	阳平（24）	上声（53）	去声（44）
阳平 （24）	24+213 流血 聊天 提高 磨刀 涂黑 胡说 24+21 农村 头发 颜色 植物 南风 活泼	24+24 头疼 农忙 提拔 留神 人头 南极 24+21 熟人 明白 团圆 名堂 别人	24+53 人好 白跑 罚款 骑马 牛奶 牙齿 24+21 棉袄 侄女	24+44 还账 头大 棉被 拔树 绸缎 团聚 24+21 白菜 棉裤 朋友 实话
上声 （53）	53+213 请客 打开 好说 养鸡 手心 冷粥 53+21 点心 喜欢 粉笔 口角 眼色 礼物	53+24 手疼 果园 死活 养牛 主席 坦白 53+21 死人① 党员 保持 顶棚 普及 老师	53+53 手巧 养狗 处理 打水 打垮 底板 53+21 耳朵 21+53 水果 火把 小姐 胆小 小米 保险	53+44 手重 炒菜 远近 写字 胆大 小气 53+21 板凳 宝贝 打扮 讲究 打算 体面
去声 （44）	44+213 订亲 气粗 后腰 坐车 让开 费力 44+21 弟兄 地方 办法 大麦 面包 汽车	44+24 地滑 害人 放平 后门 事实 剃头 44+21 道人 大学 快活 报酬 算盘 病人	44+53 气短 对打 父母 倒水 大小 字典 44+21 豆腐 户口 道理 熨斗 快板 露水	44+44 冒汗 命大 事变 近视 运动 内部 44+21 厚道 告诉 地道 剩饭②

4个单字调两两组合，共有16种组合，可分为三大类来讨论。

第一类，"非阴平+非阴平"类，包括"阳平+阳平""阳平+上声""阳平+去声""上声+阳平""上声+上声""上声+去声""去声+阳平""去

---

① "死人"读53+21时为定中结构，动宾结构时"死人"读53+24。

② "地道"读44+21时为形容词，名词"地道"读44+44；"剩饭"读44+21时为定中结构，动宾结构"剩饭"读44+44。

声 + 上声""去声 + 去声"9 种两字组。这一类中的每一种两字组都包含两种连读形式：一种是"本调 + 本调"，一种是"本调 +21"。在这一类中有一个例外，即"上声 + 上声"两字组，除了上述两种连读形式外，还多了一种"21+ 本调"式。从数量比例上来说，本文调查的"上声 + 上声"两字组一共 45 个，其中只有一个词"耳朵"需按"本调 +21"（53+21）轻声形式来读，比例远低于一般类其他两字组的轻声比例，而可以按"21+本调"（21+53）连调式来读的两字组则要多得多。

第二类，后字阴平类，包括"阴平 + 阴平""阳平 + 阴平""上声 + 阴平""去声 + 阴平"4 种两字组。这一类中的每一种两字组也包含两种连读形式：第一种是阴平后字读本调 213，第二种是阴平后字读变调 21。可以按第一种连读形式来读的两字组只占较少的一部分，且这些两字组都可以按第二种连读形式来读，例见表 1–3。相反，有些两字组只能按第二种连读形式来读，不能按第一种连读形式读，例如"西瓜""植物""喜欢""地方"等。

第三类，"阴平 + 非阴平"类，包括"阴平 + 阳平""阴平 + 上声""阴平 + 去声"3 种两字组。这 3 种两字组一般只有一种情况的连读变调，即"21+ 本调"[①]。

（二）"非阴平 + 非阴平"类两字组

本类 9 种两字组里的第一种连读形式"本调 + 本调"，前后字都读本调，

---

① 这一类里的"阴平 + 去声"除了有"21+ 本调"外，还多了一种 21+24 的连读形式，不过数量非常少，只能找到几个例词。在我们调查的"阴平 + 去声"122 个两字组中，只有 4 个两字组"兄弟""公道""身份""热闹"可以读为 21+24，且后 3 个词又可以读为"21+ 本调"，即 21+44。因此，这种 21+24 连调式暂看作特殊变调情况，原因待考。

显然是重读连读，无需多讨论。第二种连读形式"本调 +21"是轻声性质的连读变调：后字无论本调是什么，在这里都中和为 21 调，且调值轻短；凡是可以这样变调的都是常用词，临时组合而成的词组不选择此种连读变调形式，例见表 1–3。本类中"上声 + 上声"两字组的 21+53 连调式，下面第（五）部分专门讨论。

（三）后字阴平类两字组

本类 4 种两字组里的第一种连读形式，阴平后字都读本调，前字除了阴平字外，也都读本调。"阴平 + 阴平"两字组连调式 24+213，前字调值由 213 变为 24，是曲折调为了避免发音拗口而不得不发生的连读音变，并非轻化性质的变调。因此，阴平后字都读本调的第一种连读形式属于重读连读。

本类 4 种两字组第二种连读形式，前字的变化情况与第一种连读形式完全相同，都是重读，阴平后字的调值变化一致，都是由 213 变为 21。这种连读形式，从后字的调值变化来看，显然是有轻化，但不能说都是轻声音变。属于本类的所有两字组（指具体的词或词组）都可以按第二种连读形式来读，很显然，所有两字组不可能全部都会成为轻声字组。大多数情况下，这种变化只是纯粹的语音变化，与语义语法无关，因为那些临时组合而成的词组也可以这样来变读，例如"吃药""流血""请客""定亲"等。后字由 213 变为 21，主要的动因是省力，曲折调 213 要发完整是比较费时费力的，因此一般情况下后字都只发前半程音 21。对于大多数两字组来说，这种连读变调要看作轻音音变。

另一方面，根据北方方言的普遍情况，以及原州方言一般类中第一类 9 种两字组的情况来看，通常在每一种两字组中，总有一少部分两字组是轻声字组。本类 4 种两字组的每一种两字组里，应该也会有一少部分轻声字组。有的两字组因为产生时间较长，使用频率较高，前后字意义有较大程度的融合，从结构上来说已变成稳定的词，这种两字组有变为轻声的可能。这种两字组要变读为轻声，也还只能选择第二种连读形式，即前字与第一种连读形式相同，阴平后字调值由 213 变为 21。前字重读后字变中和轻短调 21，是原州方言轻声变调最通常的形式。因此，我们认为，本类 4 种两字组的第二种连读形式，既是轻音音变形式，也是轻声音变形式。不过，由于两者变调形式相同，没有办法区别出哪些两字组是轻音音变，哪些是轻声音变。

（四）"阴平＋非阴平"类两字组

本类 3 种两字组的连读变调形式，前阴平字调值由 213 变为 21，后字读本调，连调式分别为 21+24、21+53、21+44。阴平字调值 213，是曲折调，作为两字组前字，在语流中为了避免发音拗口，调值必须要变，要么变为 21，要么变为 24。对于这 3 种两字组来说，阴平前字调值如果变为 24，重读连读式就会与"阳平＋非阴平"类两字组的重读连读式雷同。因此，本类两字组中的阴平前字调值只能变为 21，连调形式就成了"21＋本调"。

一般类两字组，共有 16 种组合形式，除了本类 3 种两字组外，其他 13 种两字组，都是既有重读连调式，也有轻声连调式。本类 3 种两字组，都只有"21＋本调"这一种连读形式。那么，这种连读形式，是重读性质的连调式，还是轻声性质的连调式？我们认为，要把这种连调式看作重读和轻声共用的连调式。换言之，在本类 3 种两字组里，重读连读变调和轻声连读变调采用了同一种语音形式。原因很简单，每种两字组里，应该都有大量的重读连读字组，也会有一部分轻声性质的连读字组。这3种两字组都只有一种连调式，那么只能解释为，重读连读和轻声连读采用了同一种连调式。

（五）21+53 连调式的性质

在传统认识中，轻声最基本的语音特征就是轻和短。赵元任早就指出，轻声"读得很轻"，"不论本来是什么调的字都是读得短一点"[①]。不过陆续有学者发现，一些方言中有的变调成分与北京话轻声成分相似，但是却不轻也不短。西北地区很多方言，如巴里坤话、焉耆话、敦煌河东话、中宁话、神木话等，都有这类例子。曹德和称这类词为"轻音词"，认为"虽然不轻但要作轻音处理"[②]。刘俐李认为这类变调是词汇平面与构词、语义相关的"语汇变调"[③]。曹志耘称这类变调为"既不轻也不短的'轻声'"[④]。李树俨认为这类不轻不短的轻声"仍然属于音系学意义上的轻声"[⑤]。邢向东认为这类变调属于"调位中和"，是不同单字调在语流中失去原调值的声调趋同现象[⑥]。

上述研究大大深化了对轻声相关问题的认识，不过，还有一些问题没有说清楚。比如说，如果将这类成分看作某种性质的轻声，那么它的

---

① 赵元任：《国语语调》，载《赵元任语言学论文集》，北京：商务印书馆，2002，第 426-434 页。
② 曹德和：《巴里坤话的轻音词》，《新疆大学学报（哲学社会科学版）》1987 年第 3 期。
③ 刘俐李：《论焉耆方言的变调类型》，《语言研究》2000 年第 1 期。
④ 曹志耘：《敦煌方言的声调》，《语文研究》1998 年第 1 期。
⑤ 李树俨：《汉语方言的轻声》，《语文研究》2005 年第 3 期。
⑥ 邢向东：《论西北方言和晋语重轻式语音词的调位中和模式》，《南开语言学刊》2004 年第 1 期。

音值为什么既不轻也不短？

这个问题之所以久而未决，恐怕主要与北京话轻声特点的影响有关，习惯上我们总是把轻声看作轻声字组后字的语音表现。

其实即使对于北京话来说，轻声字组也不只是后字轻短这么简单。Т.Π.扎多延柯通过语音实验发现："有弱读音节的词在长度上要比两个音节都重读的词缩短一半左右。同时，有趣而出人意料的是，在这种类型的词里，不仅后头的弱读音节缩短了，而且前头的重读音节也缩短了。"[①]实验数据见下表：

表1-4 Т.Π.扎多延柯实验数据表

成对的词	整个词的长度 （时间单位1/40秒）	前一音节的长度 （时间单位1/40秒）	后一音节的长度 （时间单位1/40秒）
东西 dōngxī 东西 dōng·xi	44 25	20 15	24 10
生活 shēnghuó 生活 shēng·huo	50 25	23 15	27 10
多少 duōshǎo 多少 duō·shao	52 24	17 14	35 10
兄弟 xiōngdì 兄弟 xiōng·di	44 23.5	25 16	19 7.5

数据显示，北京话轻声词主要是后字音长缩短，但是同时前字音长也有明显的缩短。所以说，只从后字的语音表现来判断一个两字组是不是轻声，这个字组有没有轻化，这的确是片面的。

---

①Т.Π.扎多延柯：《汉语弱读音节和轻声的实验研究》，《中国语文》1958年第12期。

从轻声产生的基础条件来说，轻声是双音词大量出现的结果[①]；从语用角度来说，轻声是词语高频使用的结果[②]；从语义角度来说，轻声是词语意义融合和虚化的结果[③]；从语法角度来说，轻声是词化完成的标志[④]。这些角度的观察都提示我们，要把轻声放在词的层面来认识，而不能看作单纯的字音问题。可以说，轻声是词的轻声，而不是字的轻声。

五臺早就指出，词有声调的问题："每个语音词都有一个独立的声调。"[⑤]曹志耘认为，词是语言最基本的单位，语音变化主要是在词的层面进行的[⑥]。彭泽润提出词调的概念，认为方言中存在词调模式化现象[⑦]。邢向东、马梦玲从词汇、语法层面比较深入地讨论过西北方言的词调问题[⑧]。

从词的层面认识轻声，观察和分析词的声调，这为轻声不轻问题的解决提供了新的思路。轻声词（包括语音词）通常对应的是一个稳

[①] 李树俨：《汉语方言的轻声》，《语文研究》2005年第3期；李莎：《汉语轻声的成因》，《云南师范大学学报（对外汉语教学与研究版）》2007年第5期。

[②] 赵元任：《北平语调的研究》，载《赵元任语言学论文集》，北京：商务印书馆，2002，第253-272页；周一民：《北京话的轻音和语法化》，《北京社会科学》2005年第3期。

[③] 李树俨：《汉语方言的轻声》，《语文研究》2005年第3期；潘悟云：《汉语否定词考源——兼论虚词考本字的基本方法》，《中国语文》2002年第4期。

[④] 李倩：《中宁方言两字组的两种连调模式》，载李树俨、李倩《宁夏方言研究论集》，北京：当代中国出版社，2001，第62-85页；周一民：《北京话的轻音和语法化》，《北京社会科学》2005年第3期。

[⑤] 五臺：《关于"连读变调"的再认识》，《语言研究》1986年第1期。

[⑥] 曹志耘：《南部吴语语音研究》，北京：商务印书馆，2002，第125页。

[⑦] 彭泽润：《论"词调模式化"》，《当代语言学》2006年第2期。

[⑧] 邢向东、马梦玲：《论西北官话的词调及其与单字调、连读调的关系》，《中国语文》2019年第1期。

定的语义融合体，或者是一个临时结合而成的语义体，它在语流中是一个语音词，在省力心理等因素的驱动下，这个语音词作为一个整体需要轻化。为了实现整体的轻化，可以采取多种具体的形式。北京话轻声词主要是后字轻，但这只是实现整体轻化的一种形式而已。既然是词的轻声，那么，对于由多个字构成的轻声词来说，轻声也应该可以主要体现在前字上。

回到正题来说。

"一般类"中的"上声 + 上声"两字组，一共有三种连读变调形式：第一种是53+53，第二种是53+21，第三种是21+53。第一种是重读连读，第二种是轻声变调，前文已有说明。这里讨论第三种连调式21+53的性质。

从语音变化来说，前上声字调值由53变为21，音高有降低，音长有缩短，语音有轻化。从两字组的语义和语法结构上来看，前后字意义比较独立的动宾结构两字组，多为临时组合起来的词组，前后字需要重读，因此这些两字组一般采取53+53的重读连读形式，很少能采取21+53连调式，如"养狗""买米""打水"等。有个别动宾结构两字组也可读21+53，如"保底"，这可能是因为其前后字意义有所融合，已成为一个常用词。假如要强调"保底"的动宾性质，尤其要强调前字的话，就需要按53+53的重读连读形式来读，不能读为21+53。

以上两方面的情况表明，21+53不是重读性质的连调式。同时，由于这种连读变调还与语义语法等层面有内在的关联，因此也不应看作轻音音变。那么，"上声 + 上声"两字组的21+53连调式是什么性质？如果轻声可以前字轻的道理能够成立，把这种连调式看作轻声调式就比较

合适 ①。

再进一步来说，"阴平 + 虚化成分"的连读式 21+24，基式为阴平
字的名词和量词 I 的重叠变调式 21+24，以及一般类"阴平 + 非阴平"
类两字组中轻声词的连调式"21+ 本调"，都有轻声后字不轻的问题，
是不是都能按照轻声可以前字轻的思路来分析？这个问题很复杂，本文
提出这种可能，向专家学者求教。

第三节　轻声与儿化

一、轻声

宁夏南部地区方言，轻声均为轻短低降调，调值 [21]。轻声类型一致，
主要有以下几种。

其一，表示结构或时体的助词。

蓝颜色的花

悄悄地问一下

骂得嚎开咧

吃咧三碗

跳着耍美咧

---

① 如果 21+53 确是轻声调式，还有一个问题需要解释。既然"上声 + 上声"两
字组已有 53+21 轻声调式，而且这种后字轻的调式更符合一般的轻声变调模式，
又与本方言中其他轻声调式的变调模式相同，为什么还要多出一个 21+53 的轻声
调式？主要原因可能在于：53+21 是一种一贯到底的降调，音高上缺少变化，而
21+53 调采取前低降后高降的调式，音高上有一种高低错落的变化，更具有韵律上
的优势。

去过西<u>安</u>吗

其二，语气词。

睡<u>呢</u>

走<u>吗</u>

麦子黄<u>咧</u>

等一下<u>撒</u>

其三，"子""儿""头""们"等构词后缀。

刀<u>子</u>　超<u>子</u>　苗苗<u>子</u>　端立<u>子</u>

兔<u>儿</u>　杏<u>儿</u>　雀雀<u>儿</u>　明<u>儿</u>

砖<u>头</u>　后<u>头</u>　吃<u>头</u>　　活<u>头</u>

我<u>们</u>　你<u>们</u>　乜<u>们</u>

致<u>达</u>　兀<u>达</u>　奈<u>达</u>

瓷<u>实</u>　皮<u>实</u>　板<u>实</u>　　美<u>实</u>

其四，表示方位或趋向的后缀。

车<u>上</u>　路<u>上</u>　乡<u>里</u>　水<u>里</u>

下<u>去</u>　上<u>来</u>　取<u>上</u>　留<u>下</u>

其五，部分重叠词的后一成分。

刀<u>刀</u>　娃<u>娃</u>　本<u>本</u>　罐<u>罐</u>

星<u>星</u>　馍<u>馍</u>　袄<u>袄</u>　蛋<u>蛋</u>

其六，四字熟语中的衬字。

然<u>不</u>迹迹　乏<u>不</u>塌塌　猴<u>不</u>楚楚

混<u>里</u>混三　克<u>里</u>马擦　胡<u>里</u>马达

其七，习惯上后一字读轻声。

本事　豆腐　核桃　回民
算盘　打扮　玉米　养活
飞机　毛笔　农村　田鸡
火车　小吃　背心　院墙

二、儿化

原州话里的儿化现象非常少，有个别一些儿尾词，如"雀儿"[tɕhiɔ53ʮɛr21]、"杏儿"[xəŋ44ʮɛr21]、"鸡儿"[tɕi21ʮɛr24]、"镜儿"[tɕiŋ44ʮɛr21]、"鱼儿"[ʮy24ʮɛr21]等，其中"儿"自成音节。只有在急读的情况下，个别儿尾会转化为儿化韵，[r]尾附着于前字音后，如"雀儿"[tɕhiɔr53]等。

西吉话和泾源话里儿化现象比较多，一般表示小称，带有亲切、喜爱的感情色彩。与普通话一样，西吉话、泾源话里的儿化表现为前一音节的韵母带卷舌色彩。需要说明的是，儿化词缓读时多读为儿尾词，儿缀自成音节，快读时则为儿化词。这说明，这两地话中的儿缀还处于由儿尾向儿化的过渡阶段。

儿化使前字韵母发生变韵，这里以西吉话为例简要说明音变规则。

（1）韵母末尾为a、ə、ɛ、ɔ、u、æ，该元音直接卷舌。如：

a—ar

把把儿 [pa44par21]　豆芽儿 [təu44ʮiar13]　画儿 [xuar44]

ə—ər

车车儿 [tʂhə21tʂhər13]　半截儿 [pæ44tɕiər21]

橛橛儿 [tɕyə13tɕyər21]　锅锅儿 [kuə21kuər13]

ɛ—ɛr

鞋带儿 [xɛ13tɛrʒɐ44]　乖乖儿 [kuɛ21kuɛr13]

ɔ—ɔr

桃儿 [thɔr13]　雀儿 [tɕhiɔr53]

u—ur

兔儿 [thur44]　头儿 [thəur13]　牛儿 [n̠iəur13]

æ—ær

脸蛋儿 [liæ53tær44]　　前儿 [tɕhiær13]

环环儿 [xuæ13xuær21]　旋儿 [ɕyær44]

（2）韵母有 i 尾的，韵尾失去，主要元音卷舌。如：

ei—er

刀背儿 [tɔ21per44]　水水儿 [ʂuei53ʂuer21]

（3）韵母为 ɿ、ʅ 的，ɿ、ʅ 变为 ə 再卷舌。如：

ɿ—ər

丝丝儿 [sɿ21sər13]

ʅ—ər

侄儿 [tʂər13]

（4）韵母是 i、y 的，后加 ə 再卷舌。如：

i—iər

鸡儿 [tɕiər13]

y—yər

鱼儿 [ɸyər13]

（5）韵母是 iŋ、yŋ 的，韵尾失去，加鼻化元音 ə 后再卷舌。如：

iŋ—iər

铃铃儿 [liŋ13liər21]

yŋ—yər

轮轮儿 [lyŋ13lyər21]

（6）韵母是 uŋ、əŋ、aŋ、iaŋ、uaŋ 的，韵尾失去，韵腹鼻化再卷舌。如：

uŋ—ur

酒盅儿 [tɕiəu53tʂur21]

əŋ—ər

板凳儿 [pæ53tər21]

aŋ—ɑr

当当儿 [tɑŋ13tɑr13]

iaŋ—iɑr

墙墙儿 [tɕhiɑŋ13tɕhiɑr21]

uaŋ—uɑr

黄黄儿 [xuɑŋ13xuɑr21]

第四节　内部屈折与合音

一、内部屈折

内部屈折指通过词根内部音位的变换来表达语法意义的手段。原州话里无内部屈折现象，西吉话和泾源回民话中有零星的内部屈折现象。

西吉话有利用韵母变换来区别人称代词单复数的现象。

单数：ŋə53/kə53（我） n̠i53（你）

复数：ŋɔ53/kɔ53（我们） n̠iəu53（你们）

泾源回民话有利用声调变换来区别人称代词单复数的现象。

单数：ŋə53（我） n̠i53（你） tha53（他）

复数：ŋə31（我们） n̠i31（你们） tha31（他们）

例如：

a. 我 [ŋə53] 走咧。（单数）

b. 我 [ŋə31] 几个走咧。（复数）

c. 光靠你 [n̠i53] 一个怕不行。（单数）

d. 光靠你 [n̠i31] 几个怕不行。（复数）

e. 他 [tha53] 当过兵。（单数）

f. 他 [tha31] 弟兄几个都当过兵。（复数）

二、合音

合音现象在宁南方言中较多。以下举例如果未标明地点，表明在宁南三地话中都用。

（1）□ [tsua24]："做啥"的合音。如：

你□切？（你做啥去？）

（2）叼 [tiɔ21]："得噢"的合音。原州话。如：

看把他能叼。（看把他能得噢）

（3）招 [tʂɔ21]："着噢"的合音。原州话。如：

致个女子长得心疼招。（这个女孩长得心疼得噢）

（4）嘹 [liɔ21]："咧噢"的合音。如：

车奏来嘹！^①（车就来了噢）

（5）俩 [lia21]："咧啊"的合音。如：

我走俩。（我走了啊）

（6）□ [miɛ24]："明儿"的合音。原州话。如：

□个走平凉走。（明天去平凉去）

（7）截 [tɕiɛ24]："今儿"的合音。原州话。如：

截个把人乏日踏咧。（今天把人累坏了）

（8）裹 [kuɤ53]："给我"的合音。如：

裹拿来。（给我拿来）

（9）挠 [nɔ24]："拿我"的合音。如：

挠看，我还不信把致个娃娃没医治。（拿我看，我还不信把这个孩子没办法。）

（10）腾 [thəŋ53]："得很"的合音。如：

美腾！（美得很）

（11）乍 [tʂa53]："致达"（这里）或"致下"（这下）的合音。如：

我在乍呢。（我在这里呢）

乍把麻达戹下咧。（这下把麻烦弄下了）

（12）浑 [xun35]："囫囵"的合音。泾源回民话。如：

把一个包子浑咽咧。（把一个包子囫囵咽了）

（13）嫑 [pɔ31]："不要"的合音。泾源话。如：

---

① "奏"是"就"的意思，在宁南各地发音不一，原州话、泾源汉民话、西吉部分乡镇话"奏" [tsəu44]，西吉部分乡镇话"就"或"旧" [tɕhiəu44]，泾源回民话音"凑"，本文一般写作"奏"，包括其他各种发音形式。

你要骚情咧。（你不要讨厌了）

（14）□ [ȵia53]：“乜家”（人家）的合音。泾源话。如：

□不来木。（人家不来么）

第二章　构词分析

词从内部结构上分单纯词和合成词。单纯词由一个语素构成，不存在内部结构的问题；合成词由两个以上的语素构成，需要进行构词分析。合成词包括复合式、重叠式、派生式三种，本文只分析比较能体现宁南方言语法特点的重叠和派生两种构词方式。

第一节　词的重叠

本节所说词的重叠，指词的内部含有重叠形式。

一、名词的重叠

宁南方言中名词的重叠形式很丰富。

（一）AA式

坛坛	土土	本本	水水
院院	车车	眼眼	洞洞
皮皮	罐罐	祆祆 [nɔ53nɔ21] 棉衣	树树

AA式名词后一般都可带"子"尾。西吉、泾源话AA式名词一般都

可儿化。如：

坛坛子	水水子	院院子	树树子
坡坡子	盒盒子	角角子	洼洼子
坛坛儿	水水儿	院院儿	树树儿
雀雀儿	缝缝儿	沿沿儿	杆杆儿

个别动词或形容词重叠后，会变成名词。例如：

豁豁_{豁口}　抽抽_{抽屉}　插插_{口袋}　瞎瞎_{中华鼢鼠}

（二）AAB 式

罐罐茶　　　　　　　　　　　回回寺_{固原、西吉话}

盘盘路 "天有盘盘路，人有鬼鬼心"，西吉话谚语　　挂挂牛_{蜗牛}

苦苦菜

节节虫

AAB 式中的 AA，第一行是名词的重叠，第二、三、四行其实分别是动词、形容词、量词的重叠，但是 AAB 式整体上都是名词。

在西吉、泾源话里，AA 往往会儿化，如"罐罐儿茶""苦苦儿菜"等。

（三）ABB 式

木茬茬	树桩桩	树荫荫	土棱棱
骚甲甲_{原州话，一种昆虫}	雨甲甲_{西吉话，一种昆虫}	酒瓶瓶	人影影
烟嘴嘴	钮扣扣	笔帽帽	鞋带带
燕叽叽_{原州话，指燕子}	老茬茬_{原州话，母猪}		

除了"燕叽叽"中的"叽叽"是拟声成分的重叠以外，其他的 BB 都是名词性成分的重叠。

在西吉、泾源话里，BB 往往儿化，如"木茬茬儿""烟嘴嘴儿"等。

（四）AABB 式

瓶瓶罐罐　　　　包包蛋蛋　　　　汤汤水水

蹄蹄爪爪　　　　花花草草　　　　样样行行 (做事) 有条理

西吉、泾源话里 AA 和 BB 往往儿化，如"瓶瓶儿罐罐儿""汤汤儿水水儿"。

（五）ABCC 式

荞面馍馍　　　　洋芋囷囷 [tɕhyŋ53tɕhyŋ21] 一种蒸制的土豆食品

尾巴梢梢　　　　尾巴尖尖

肋巴扇扇　　　　墙根底底原州话

鸡蛋黄黄　　　　豆腐渣渣

辣子面面　　　　烟灰缸缸

玉麦秆秆　　　　桌子腿腿

西吉、泾源话里 CC 往往儿化，如"鸡蛋黄黄儿""桌子腿腿儿"。

二、动词的重叠

宁南方言动词基本没有重叠形式。值得注意的是，下面两种重叠式与动词有关。

（一）ABB 式

转磨磨转圈儿　　　刨土土　　　　铲瓜瓜铲锅巴

想方方想各种方子　　挖坑坑　　　　照 [zɔ44] 影影看影子

在 ABB 式中，实际上重叠的是名词，不是动词，不过 ABB 式是动宾结构，整体上是动词性的。

（二）A 呢 B 呢

缝呢补呢　　　　捏呢揣呢　　　　说呢笑呢

跌呢踔呢　　　　写呢画呢　　　　走呢站呢原州话

泾源回民话说"哩"。例如：

跳哩唱哩　　　　打哩闹哩　　　　觑哩看哩

这种形式里重叠的是语气词"呢"，"A 呢 B 呢"表达的是多量，如"缝呢补呢"义同普通话的"缝缝补补"或"又缝又补"，少数"A 呢 B 呢"有引申义，如"走呢站呢"是"经常"的意思。例如：

你奏走呢站呢嚎着呢。（你就经常哭着呢。）

普通话可重叠的动词一般都表达的是可控性动作，常见的重叠形式如"AA""A 一 A""A 了 A""ABAB"，在宁南方言中一般都用动词加后缀"一下 [xa21]""卡（子 / 儿）"来表示。例如：

*见见　　　　　见一下　　　　　见卡（子 / 儿）

*笑一笑　　　　笑一下　　　　　笑卡（子 / 儿）

*摸了摸　　　　揣一下　　　　　揣卡（子 / 儿）

*打扮打扮　　　拾掇一下　　　　拾掇卡（子 / 儿）

"动 + 一下"三地话都说，原州、西吉话也说"动 + 卡（子 / 儿）"，如"见卡（子 / 儿）"。

AABB 式在宁南方言中也不说，只是近些年在普通话的影响下，个别 AABB 式年轻人偶尔说。例如：

*缝缝补补　　　*写写画画　　　　*指指点点

商商量量　　　　说说笑笑　　　　捏捏揣揣

三、形容词的重叠

宁南方言形容词的重叠形式也很丰富，一般都表示程度的加强。

（一）AA

大大　　　丑丑　　　圆圆　　　新新　　　黑黑

常作定语，也可作补语。如：

a. 丑丑的一个人。

b. 人长得丑丑的。

（二）AABB

本本分分	安安稳稳	洋洋昏昏
呲呲唯唯_{拘束，不大方}	意意思思_{有意见}	豁豁牙牙
密密麻麻	逛逛打打_{不认真}	夹夹比比_{西吉话，容畓，不干脆}

本本分分　　　安安稳稳　　　洋洋昏昏

呲呲唯唯_{拘束，不大方}　　　意意思思_{有意见}　　　豁豁牙牙

密密麻麻　　　逛逛打打_{不认真}　　　夹夹比比_{西吉话，容畓，不干脆}

（三）ABAB

细长细长　　　肥大肥大　　　酸疼酸疼

黑黄黑黄　　　干瘦干瘦　　　蔫怪蔫怪

瓜拐瓜拐_{又傻又坏}

例如：

a. 肥大肥大的一个人。

b. 奈个奈蔫怪蔫怪的。

c. 长得干瘦干瘦的。

（四）A呢B呢

这种重叠一般用以列举具有反义关系的两种性状或事物。例如：

乖呢丑呢　　　肥呢瘦呢　　　大呢碎呢

泾源回民话说 A 哩 B 哩。例如：

多哩少哩　　　　　　贵哩贱哩　　　　　　长哩短哩

a. 乖呢丑呢的都闲着呢。（乖丑都不要紧）

b. 不管肥呢瘦呢都能行。

c. 大呢碎呢来咧一大刨。（大的小的来了一大堆）

d. 长哩短哩地堆咧一院。

（五）ABB

瓜嗒嗒_{话多而声亮}　　　　瓜楚楚_{形容人傻}　　　　瓜腾腾_{形容人傻}

白绌绌　　　　　　　黑黝黝　　　　　　　黄□□ [mia21mia21]

骨蹴蹴_{不稳状}　　　　　鼓堆堆_{膨大状}　　　　气囊囊_{有生气的样子}

扑哈哈_{原州话，特别热情、高兴的状态}　　　　　　喋咧咧_{固原、西吉话，说话噜}

（六）A 不 BB

贼不楚楚　　　　　猴不楚楚　　　　　蔫不楚楚

乏不塌塌　　　　　辣不酥酥　　　　　酸不迹迹

轻不燎燎_{轻薄状}　　　瓷不登登_{木讷状}　　　臭不哄哄_{固原、西吉话}

岔不拉拉_{固原、西吉话，怪异状}　　　　旧不哄哄_{固原、西吉话}

□ [piaŋ24] 不迹迹_{原州话，冷漠状}

（七）A 里 AB

糊里糊涂　　　　　疙里疙瘩　　　　　慌里慌张

四、副词的重叠

（一）AA

白白　　　将将_{固原、西吉话}　　　刚刚_{泾源话}

远远　　　　美美　　　　　　　早早　　　　端端　　　　闲闲

第一行基式为副词，重叠后词性不变，只做状语。

第二行基式为形容词，重叠式仅用作状语，变为副词。例如：

a. 美美（地）喋咧一顿。（美美地吃了一顿）

b. 端端（地）走。

这类重叠式有的加"的"后变为形容词，可作定语、补语等。例如：

c. 端端的一个树。

d. 站得端端的。

（二）AA子

反反子　　　　　　斜斜子　　　　　　拧拧子_{原州话，不直、不展义}

例如：

a. 你反反子拿着呢。

b. 乜人家斜斜子一站，你还把乜没医治。

c. 你看奈_{远指代词}个奈拧拧子走路着呢。

五、量词的重叠

（一）AA

家家　　　顿顿　　　回回　　　遍遍　　　把把

天天　　　周周　　　月月　　　年年　　　夜夜

量词重叠表示"周遍"等语法意义。像"家"这样的普通名量词能够重叠的非常少，部分动量词如"顿""回"等可重叠，部分时间量词如"天""周"等也可以重叠。

（二）AA 子/儿

大多数普通名量词都可以带"子"尾重叠，如果是西吉话或泾源话，大多数普通名量词还可以重叠后带"儿"尾。例如：

一盅盅子/儿 一串串子/儿 一块块子/儿 一张张子/儿

一件件子/儿 一对对子/儿 一堆堆子/儿 一方方子/儿

（三）ABB

一伙伙　　　　两摞摞　　　　三堆堆　　　　五包包

这种<u>重叠形式</u>中的基式为无定集合量词。

六、拟声词的重叠

拟声词的重叠主要有以下三类。

（一）ABAB

呱嗒呱嗒　　　　□[pia21]唧□[pia21]唧　　　　哐当哐当

（二）AABB

哼哼唧唧　　　　支支吾吾　　　　嘟嘟囔囔

（三）A 里 AB

哐里哐噹　　　　咳里咳擦　　　　呱里呱嗒

第二节　词的派生

通过添加词缀派生新词是汉语常用的构词法。在宁南方言中，词缀比较丰富，有相当数量的词通过派生的方式生成。

一、前缀

（一）老

老大

老孙台 西吉、泾源话里指排行最小的儿子

老汉 ①年岁大的男子 ②指自己的丈夫

老达达 原州话里指亲属关系较远的叔伯父

老哇 [va21] 乌鸦

老联手

老屧头 [tshæ44 thəu21] 泾源话里指软弱无能的人

老碎 排行最小的

老姑舅 祖母的娘家人

老婆子 老婆

老娘娘 [n̩ia24 n̩ia21]

老鼠 [tʂhu53]

老把式

（二）二

二杆子

二楞子

二仄

二硬 [n̩iŋ44] 子 原州话里与"二杆子"同义的骂人话

二流子

二尾 [ɕi21] 子 骂人话，指两性人

二屎

二哥 西吉话里与"二杆子"同义的骂人话

（三）洋

洋碱

洋铁丝

洋布

洋匣子 收音机

洋葱 葱头

洋火

洋镐

洋蜡

洋姜

洋蒜 小洋葱

洋钉子

洋镢

洋灰

洋芋

（四）日

日鬼

日踏

日赖

日怪 指奇怪或奇怪的人

日弄

日眼

日样 日能 日弄三

日囊 _{吃，贬义} 日嚷嚷 _{原州话里指窝囊的人} 日嚼 [tɕyɤ24] _{原州话里指骂人}

（五）圪

圪棱 [kɤ44ləŋ21] _{原州话里指地埂}　　　圪垯　　　圪蚤

圪搅 [kɤ44tɕiɔ21] _{搅和}　　　圪漏 _{让人感觉到不自然、难受}

圪嚷嚷　　　圪抖抖 _{固原、西吉话里指小气或不稳状}

圪煨煨 _{原州话指过于亲昵的样子}

二、中缀

（一）不

瓜不腾腾 _{形容人傻的状态}　　　瓜不痴痴 _{原州话里形容人傻的状态}

瓜不拉几 _{西吉话里形容人傻的状态}　　　木不登登 _{固原、泾源话里形容人木讷的状态}

瓷不登登 _{义同"木不登登"}　　　憨不腾腾 _{原州话里形容人憨的状态}

猴不楚楚 _{固原、西吉话里形容人不稳重的样子}　　　猛不绺绺 _{原州话里形容人突然做出某种举动}

（二）里

油里吧唧　　　混里混三　　　克里嘛嚓

胡里马达　　　哐里哐噹　　　稀里哗啦

三、后缀

（一）子

料子 _{爱显摆的人}　　　对子　　　锤子

苗子　　　瞎子 [xa21tsʅ24]　　　麻子

马子　　　超子 _{傻子}　　　浆子 _{浆糊}

料片子同"料子"　　　　　苗苗子　　　　　　盖盖子

隔壁子　　　　　　　　　麦穗子　　　　　　头窝子

头身子　　　　　　　　　夹生子　　　　　　端立子

反反子　　　　　　　　　头头子　　　　　　雀雀 [tɕʰiɔ53 tɕʰiɔ21] 子

货 [xu21] 郎子原州话　　左瓜子左撇子

（二）儿

画儿　　　　　　　　　　兔儿　　　　　　　雀儿

枣儿　　　　　　　　　　鸡儿　　　　　　　今儿

明儿　　　　　　　　　　心眼儿西吉、泾源话　头头儿西吉、泾源话

雀雀儿西吉、泾源话

（三）尻

瞎 [xa21] 尻　　　　　　冷尻　　　　　　　坏尻

超尻　　　　　　　　　　能尻　　　　　　　懒尻

碎尻　　　　　　　　　　脏尻　　　　　　　囊尻笨蛋

瓜尻　　　　　　　　　　拐尻"拐"义同"坏"　二尻

争尻"争"义同"二"　　　完尻没本事、不靠谱的人　蔫尻

日鬼尻　　　　　　　　　老尻　　　　　　　犟尻

驴尻　　　　　　　　　　猪尻　　　　　　　黏 [zæ̃24] 尻

（四）达

致达这儿　　　　　　　　奈达原州话和泾源回民话，那儿　兀达西吉、泾源话，那儿

欧达固原、西吉话，那儿　一达一起　　　　　一达里 [ȵi21] 义同"一达"

哪哒固原、西吉话，哪儿　阿达泾源回民话，哪儿

（五）打

甩打	抖 [thəu53] 打 _{原州话，挥霍、嘚瑟}	捎打 _{捎带}
搅打	叼打 _{捎带，抽空}	逛打
臊打	欻打	绕打 _{时不时出现一下}
晃打		

（六）实

牢实	瓷实	结实
皮实	板实	扎实
美实	壮实	厚实
墩实 _{西吉话}	耐实	

（七）个

相当于普通话的"……样"。

致么个	奈么个 _{固原、西吉话}	兀么个 _{西吉、泾源话}
咋么个	囊么个 _{泾源话}	

（八）傍个

"傍个"是"面""边"的意思。

东傍个	西傍个	南傍个
北傍个	左傍个	右傍个
上傍个	下傍个	致傍个
偏傍个	这傍个 _{泾源汉民话}	外 _{远指代词} 傍个 _{泾源汉民话}

西吉话说"半个"，义同"傍个"。例如：

奈半个	兀半个 _{西吉、泾源话}	一半个

（九）球子

"球子"一般后作形容词或动词后缀，增添说话的粗俗色彩。

大球子	碎球子	忙球子
阔球子	苦球子	料球子
输球子	算球子	撇 [phiε53] 球子
□ [øεr53] 球子	耍球子	去球子
走球子		

"球子"中的"子"往往可以省略，如可以说"大球子的"，也可以说"大球的"，可以说"撇球子咧"，也可以说"撇球咧"。

（十）卡子 / 嘎子 / 个儿

相当于普通话的"一下""会儿"，是对动作量的补充说明。固原、西吉话用"卡子"，"子"有时可以省略；泾源汉民话用"嘎子"，回民话用"个儿"。

跑卡子	走卡子	缓卡子_{休息一下}
浪卡子 _{"浪"是"串门""逛"的意思}	捏卡子	照 [ʐɔ44] 卡子_{看一下}
坐嘎子	睡嘎子	刨嘎子
耍个儿	骑个儿	抱个儿

第三章 实词

第一节 量词

本文采用吕叔湘《现代汉语八百词》附录"名词、量词配合表"调查宁南方言量词，调查结果比较全面地反映了宁南方言名量词的使用情况。动量词在调查表里偶有出现，但数量太少，不够系统和全面。

一、量词的种类

（一）名量词

1. 个体量词

个、块$_1$、张、根、片$_1$、页、颗、棵、把$_1$、绺$_1$、杆、扇、节、间、件、只、道$_1$、条、朵、句、堂、门、层$_1$、口$_1$、家$_1$、本$_1$、瓣、篇、封、床、丸

这类量词修饰的名词都是可以明确计数的个体事物。如"一绺板"其实就是"一片板"，板是可以明确计数的。

2.集合量词

（1）数量有定

副、对、双、套、刀

这类量词修饰的名词数量有定。如"一双鞋"是两只鞋，"一刀纸"指一百张纸。

（2）数量无定

①通用型

点、些

这两个量词几乎可以用于任何数量无定的人或物。例如：

a. 只来了致么 近指代词 点人？

b. 来了致么些人！

c. 乜 人家 买了点醋。

d. 我抹了些蜜。

②选择型

群、沓、串、捆、盒、包、把$_2$、截、筒、股、块$_2$、层$_2$、绺$_2$、道$_2$、滴、撮、撒、片$_2$、份、行、链、泡、抓、伙、帮、方、辫、家$_2$、户、本$_2$、笔、墩、窝、桌、碗、嘴、口$_2$、脸、匣、牙、声、滩、坨、桶、缸、头、车、桄、板、房、袋、攒、盘、卷、堆、抱、捆、堵、摞、担、溜、滚、捏捏、洼洼、疙瘩、咕嘟、骨碌

选择型的量词只修饰某一种或某些人或物，这类量词对于名词是有选择性的。例如：

a. 一群人／一群羊／一群蜂儿

b.* 一群树／* 一群车／* 一群闪电

对比可以发现，"群"这个量词一般选择修饰人或动物，植物或没有生命的其他事物不能用它来修饰。

有些量词究竟是个体量词还是集合量词，并不容易截然分开。例如"截"，常用来修饰那些可以截断的事物，比如"一截皮绳"。如果不管皮绳的长短量，那到底是几截还是可以分得清的，可以计数的，从这个角度看，可以看作个体量词。如果考虑到一截皮绳可以是 2 厘米长，也可以是 2 米长，既然"截"是从截取的这个角度着眼的，而截取的量又可以不等，所以也符合数量无定的集合量词的特征。

3. 种类量词

样、色

种类量词从种类角度表示人或事物。例如"三色礼"是指三种礼品。

4. 度量量词

尺、丈、亩、斤、两、块、角、毛、分

5. 借用量词

在名量词中，有些是临时借用的量词，例如：

（1）借自名词

例如：

一脸胡子

一牙西瓜

一缸米

一头黄头发

一板香

一房烟

一洼洼山桃树

一疙瘩面

（2）借自动词

一攒草

一担水

一滚线

一骨碌线

一捏捏盐

（3）借自拟声词

一咕嘟蒜

（二）动量词

1. 表示动作次数：场、顿、台

2. 表示动作时间：阵

二、量词的特点

第一，数量少，"个"使用广泛。普通话以整个北方方言为基础，广泛吸取各地方言以及文学语言中的有益成分，量词非常丰富。相比于普通话来说，宁南方言量词的数量要少得多。量词数量少，名词数量巨大，名词表示数量的时候往往需要量词的配合，这就必然导致某些量词的使用范围比较广泛。最典型的就是量词"个"，它的使用范围相当广泛。试对比：

普通话	宁南方言
一头牛	一个牛

一只狗	一个狗
一匹马	一个马
一条鱼儿	一个鱼儿
一支笔	一个笔
一座城	一个城
一口缸	一个缸
一顶轿子	一个轿子

第二，受普通话影响，量词增多趋势明显。近些年来，受到强势语言普通话的影响，宁南方言中量词增多趋势明显，许多过去不用的量词现在逐渐有人在用，尤其是青少年和幼儿人群。如果将老年人和青少年、幼儿人群的使用做一对比，量词增多趋势就很明显。例如：

老年人	青少年	幼儿
一个牛	一个/头牛	一头/个牛[①]
一个狗	一个/只狗	一只/个狗
一个马	一个/匹马	一匹/个马
一个鱼儿	一个/条鱼儿	一条/个鱼儿

第三，很多量词可加"子"尾或"儿"尾。

在宁南方言中，大多数量词都可加"子"尾。例如：

一块冰	一块子冰
一把香蕉	一把子香蕉
一节电池	一节子电池
一件衣裳	一件子衣裳

①"/"之前的量词使用概率更大，例如幼儿一般说"一头牛"，比较少说"一个牛"。

一只鞋	一只子鞋
一对枕头	一对子枕头
一家人	一家子人
一沓钱	一沓子钱
一串葡萄	一串子葡萄
一股风	一股子风
一桌饭	一桌子饭
一行葱	一行子葱
一辫蒜	一辫子蒜
一滩泥	一滩子泥
一溜地	一溜子地
一桄线	一桄子线
一洼洼树	一洼洼子树
一疙瘩棉花	一疙瘩子棉花

在西吉话或泾源话中，一些量词还可加"儿"尾。例如：

一点钱	一点儿钱
一截管子	一截儿管子
一本书	一本儿书
一样家具	一样儿家具
一门课	一门儿课
一牙橘子	一牙儿橘子
一颗洋糖	一颗儿洋糖
一串钥匙	一串儿钥匙

一对镯子	一对儿镯子
一摞砖头	一摞儿砖头
一块豆腐	一块儿豆腐

第四，很多单音节量词都可以"AA 子"的形式重叠，西吉话、泾源话很多量词可以"AA 儿"形式重叠。例如：

一块冰	一块块子冰	一块块儿冰
一把香蕉	一把把子香蕉	一把把儿香蕉
一节电池	一节节子电池	一节节儿电池
一件衣裳	一件件子衣裳	一件件儿衣裳
一对枕头	一对对子枕头	一对对儿枕头
一沓钱	一沓沓子钱	一沓沓儿钱
一串葡萄	一串串子葡萄	一串串儿葡萄
一股风	一股股子风	一股股儿风
一桌饭	一桌桌子饭	一桌桌儿饭
一行葱	一行行子葱	一行行儿葱
一辫蒜	一辫辫子蒜	一辫辫儿蒜
一桄线	一桄桄子线	一桄桄儿线

第五，宁南方言内部量词使用基本一致，发展趋势大体相同。差异除了西吉话和泾源话量词多儿化，原州话量词基本没有儿化这一点以外，主要体现在修饰同一个名词时，三地话对于量词的选择偶有不同。例如泾源话说"一颗儿洋糖"，原州话、西吉话一般不用"颗儿"来修饰"洋糖"，常说"一个洋糖"。又如原州话说"一滴汗"，西吉话、泾源话一般说"一点（儿）汗"。

附录：宁南方言量词与名词配合表

本调查表采用的是吕叔湘《现代汉语八百词》附录"名词、量词配合表"，只是删去了宁南方言中不常用的名词调查条目。为了尽可能全面地搜集宁南方言名量词，调查本着从宽的原则，不完全按照《现代汉语八百词》原表中设定的量词类型来调查。例如原表中"饼干"条，普通话量词只给了"块"这一个量词，这只是"饼干"作为一个个体的量词，如果考虑到饼干的集合，应该还有"盒""袋"之类的量词。本表对各种类型的量词都有调查。

名词 （普通话 / 宁南方言）	量词 （普通话）	量词 （宁南方言）
板 / 板	块	片，块，页，绺
办法 / 方子，法子	个，套	个
碑 / 碑子	块，个，座	个
被单 / 单子，床单	条，床	个，根（西吉话）
被面 / 被面，被儿面， 被面儿，被面子	条，床，幅	个，床，根（西吉话）
被子 / 被子，被儿	条，床	个，床
鼻涕 / 鼻	条，（一）把	把，筒，股
鼻子 / 鼻子	个，只	个
鞭炮 / 鞭炮，鞭炮子， 鞭炮儿	个，挂，串	个，串
笔 / 笔	枝，支，管	个
扁担 / 水担，钩担（西吉话）	根，条	个
鞭子 / 鞭子	条，根	个
冰 / 冰	块，层	块，层

续表

名词 （普通话/宁南方言）	量词 （普通话）	量词 （宁南方言）
表（手表）/表，手表	只，块，个	个
饼干/饼干	块	个，块，盒
冰雹/冷子（疙瘩）	场，颗，粒	场，个
玻璃/玻璃	块	片，块
病/病	场	场，个
布/布	块，幅，匹	片，块（西吉话），尺，丈
菜/菜	棵	个，捆，把
苍蝇/苍蝇	只，个	个
草/草	棵，株，根，墩，丛，片	个，棵（西吉话），根，片，墩，窝，攒（西吉话）
铲子/铲子	把	个，把
肠子/肠子	根，条	个，根，副
钞票/钱，票子	张，沓，叠	张，沓
车/车	辆	个
车站/车站	个，座	个
城/城	座	个
秤/秤	杆，台	个，杆
翅膀/翅膀，膀子	只，个，对，双	个，对，双
尺/尺子	把	个，把
锄头/锄	把	个
虫/虫，蛆（西吉话）	条（长形的），个（非长形的）	个
船/船 [ʂuæ24]	条，只，艘，个	个
窗户/窗子	扇，个	个，扇

续表

名词 （普通话 / 宁南方言）	量词 （普通话）	量词 （宁南方言）
床 / 床	张，个	个，张
窗帘 / 窗帘，窗帘子， 窗帘儿	块	个
葱 / 葱	棵，根	个，根，把，捆，斤
锉 / 锉	把	个，把
掸子 / 掸子	把	个
刀 / 刀	把	个
灯 / 灯，灯盏	盏，个	个
凳子 / 凳子，凳凳，板凳	张，个，条（长形的）	个
笛子 / 笛子，笛杆子	枝，支，管	个
地 / 地	块，片	块，片，亩，
点心 / 点心，糕点	块	个，块，包，盒，斤
电池 / 电池	节，对	个，节，对
电线 / 电线	条，段，截，卷	根，卷，盘，截
电影 / 电影	个，场，部	场，个
钉子 / 钉子	个，颗，枚	个，把，两
东西 / 东西	件，样	个，样
豆腐 / 豆腐	块	块，斤
豆子 / 豆豆（儿），豆子	粒，颗	颗，个，把
耳朵 / 耳刮（子），耳朵	个，只，对，双	个
耳环 / 耳环（子 / 儿）	个，只，对，副	个，对
饭 / 饭	顿，餐，份，桌，口	顿，桌，碗，嘴，口
房子 / 房	所，间，栋，幢	个，间

续表

名词 （普通话 / 宁南方言）	量词 （普通话）	量词 （宁南方言）
飞机 / 飞机	架	个
肥皂 / 洋碱，胰子	块，条	个，块
坟 / 坟	座，个	个
风 / 风	场，阵，股	场，阵，股
斧子 / 斧头	把	个，把
缸 / 缸	口，个	个
镐 / 洋镐，洋镢，镢头， 尖镢	把	个
胳臂 / 胳膊	条，只，个，双	个
歌 / 歌（子），歌儿	首，支，个	个
工厂 / 厂子	个，家，座	个
工人 / 工人	个，名	个
工作 / 工作	件，项，个	个，样
沟 / 沟	条，道	个，道
骨头 / 骨独	根，节，块	个
狗 / 狗	条，只	个
故事 / 古今	个，段，篇	个
鼓 / 鼓	个，面	个
瓜子儿 / 瓜子儿	颗，粒	个，颗，把，斤
瓜 / 瓜	个	个
棺材 / 棺材，棺木（西吉话）	口，个，具	个，副
挂面 / 挂面	把	把，根
管子 / 管子	根，段，截	个，截，根

续表

名词 （普通话 / 宁南方言）	量词 （普通话）	量词 （宁南方言）
光 / 光	道	道，绺
锅 / 锅	口，个	个
汗 / 汗	滴	点，滴 [tiɛ213]（固原话）
河 / 河	条	个
虹 / 虹 [tɕiaŋ44]	条，道	个
狐狸 / 野狐子	只，个	个
胡子 / 胡子	撇，撮，绺，把	撮，把，绺，撇，根，脸
花儿 / 花（儿）	朵，枝，瓣，束，簇	个，朵，把，样
花生 / 花生	粒，颗	个，颗，把
话 / 话	句，段，（一）席， （一）番	句
画 / 画儿	张，幅，轴，套	张，个
黄瓜 / 黄瓜	条，根	个，根
灰 / 灰	把，撮，层	层，撮，把
火 / 火	团，把	堆，把，片
火柴 / 洋火	根，盒，包	根，匣，包，墩，盒
火车 / 火车	列，节	个
机器 / 机器	台	个
鸡 / 鸡（儿）	只，个	个，窝，群
家具 / 家具	件，样，套，堂	个，样，件，套
肩膀 / 胛子(固原、西吉话)， 胛骨（泾源话）	个，双	个
剪子 / 剪子	把	个，把
姜 / 生姜	块	个，疙瘩，两，些，点

续表

名词 （普通话 / 宁南方言）	量词 （普通话）	量词 （宁南方言）
教室	间，个	个
脚 / 脚	只，双	个，只（西吉话）
轿子 / 轿子	顶，乘，抬	个
街 / 街 [kɛ213]	条，道	个，道
筋 / 筋	根，条	根，个
劲儿 / 劲	把，股	股
井 / 井	眼，口，个	个
镜子 / 镜儿	面，块，个	个
橘子 / 橘子	个，瓣	个，牙，斤
锯 / 锯子	把	个
炕 / 炕	铺，个	个
课 / 课	堂，节，门	节，堂，门
口袋 / 插插，绌绌，褡褡	条（大的），个（小的）	个
裤子 / 裤子	条	个，条
筷子 / 筷子	枝，支，根，双，把	个，根，双，把
喇叭 / 喇叭	个，支	个
垃圾 / 古董 [ku24 tuŋ21]	堆	堆，些
狼 / 狼	只，个，条	个
蜡烛 / 蜡，洋蜡	枝，支，根	个，根，把
老虎 / 老虎	只，个	个
老鼠 / 老鼠 [tʂhu53]	只，个	个
烙饼 / 馍馍	张，块，牙	个，块，牙，疙瘩
雷 / 雷	个，声	声，个

续表

名词 （普通话 / 宁南方言）	量词 （普通话）	量词 （宁南方言）
礼物 / 礼，情	件，份	个，份，色
帘子 / 帘子，门帘子	个，挂	个
楼 / 楼	层	层，个
粮食 / 粮食	颗，粒	颗
路 / 路	条	个，条
露水 / 露水	滴，颗	滴，点子
驴 / 驴	头，条	个
旅馆 / 店，店坊	家，个，座	个，家
轮子 / 轮子	只，个	个
锣 / 锣，锣锣	面，个	个
骡子 / 骡子	匹，头	个
骆驼 / 骆驼	匹，峰，个	个，行，链
麻袋 / 包子，麻包，麻袋	条，个	个
马 / 马	匹	个
麦子 / 麦子	棵，株	个，棵，亩
猫 / 猫，猫儿	只，个	个
毛 / 毛	根，绺，撮	个，根，撮
毛线 / 毛线	根，支，团，股	根，股，疙瘩，斤
帽子 / 帽子	顶，个	个
眉毛 / 眉 [mi24] 毛	道，双，对	道，个，根
门 / 门	扇，个，道	个，扇，道
米 / 米	粒	颗
蜜蜂 / 蜂儿	只	个

续表

名词 （普通话 / 宁南方言）	量词 （普通话）	量词 （宁南方言）
棉花 / 棉花	株，棵，团	疙瘩，斤
命 / 命	条	个，条
磨 / 磨子	盘，个，眼	个，盘
木头 / 木头	块，根	个，块，片，根
泥 / 泥	块，滩，坨	堆，滩，坨，块，疙瘩
碾子 / 碾子	盘，个	个
鸟 / 雀 [tɕʰiɔ53] 儿，雀雀	只，个	个
尿 / 尿	泡	泡
牛 / 牛	头，条	个
炮 / 炮	门，尊	个
皮 / 皮	块，张，层	张，层，个
劈柴 / 柴	块	堆，个，抱，捆
票 / 票	张	张，个
牌 / 牌	副，张	副，桌，张，个
葡萄 / 葡萄	粒，颗，串，架，棵	个，串，抓 [tʂua44]
棋 / 棋	副，盘	副，盘，个
棋子儿 / 棋子儿	个	个
旗 / 旗	面，杆	个
气 / 气	股，团，缕，口	口，股
钱 / 钱	笔	块，角，毛，分
墙 / 墙	堵，垛，道	堵，道，个
枪 / 枪	枝，支，杆，条	个
桥 / 桥	座，个	个

续表

名词 （普通话 / 宁南方言）	量词 （普通话）	量词 （宁南方言）
锹 / 锨，铁锨	把	个
琴 / 琴	把（胡琴、提琴），个，架（钢琴、风琴）	个
亲戚 / 亲戚	个，门，家，处	个，家
蛆 / 蛆，蛆芽子（固原话）	条	个，堆
青蛙 / 赖呱子，盖河蚂（泾源话）	只，个	个，群
裙子 / 裙子，裙裙儿（西吉话）	条	个
人 / 人	个，帮，伙，口（计算人口用）	个，群，伙，帮，口
人家 / 人	个，户，家	家，户
肉 / 肉	块，片	块，片，方，些，斤，嘴
伞 / 伞	把	个
嗓子 / 嗓子，呼噜系（西吉话）	副，个，条	个
扫帚 / 扫帚	把	个，把
森林 / 树林（子）	个、处、片	个，片，洼洼
沙子 / 沙子	粒，把，撮	颗，把，撮，堆，捏捏
山 / 山	座	个
山口 / 崾岘，豁豁（固原话），豁岘	道，个	个
闪电 / 闪电	道	道
扇子 / 扇子	把	个，把
伤疤 / 伤疤，痂痂，疤疤子	块，条，道	个，道，块
商店 / 铺铺（子），小卖部，门市部	个，家	个，家

续表

名词 （普通话 / 宁南方言）	量词 （普通话）	量词 （宁南方言）
上衣 / 衣裳	件	个，件
勺子 / 勺（子）， 勺勺（子 / 儿）	把，个	个
舌头 / 舌头	条，个	个
蛇 / 长虫	条	个
牲口 / 牲口	头	个
绳子 / 绳（子）， 绳绳（子 / 儿）	条，根	个，根，截
尸体 / 死人	个，具	个
石头 / 石头（蛋蛋 / 疙瘩）	块	个，块，堆
屎 / 屎	泡	泡，堆
收音机 / 洋匣子，话匣子， 收音机	台，个	个
手巾 / 手巾（子 / 儿）	块，条	个
手榴弹 / 手榴弹	颗，个	个
手套 / 手套（子 / 儿）	副，双，只	个，双，只
手镯 / 镯子，手镯子	个，只，对，副	个，对，副
书 / 书	本，册，部，卷，套，摞	本，个，摞
书店 / 书店	家，个	个，家
梳子 / 梳子	把	个，把
树 / 树	棵，株，行	个，棵，行
树枝 / 树枝枝，树杆杆， 树股	根，枝	个
刷子 / 刷子，刷刷子	把，个	个
霜 / 霜	场	场，层

续表

名词 （普通话／宁南方言）	量词 （普通话）	量词 （宁南方言）
水／水	滴，汪，滩	点，滩，桶，担，缸
水泵／泵，水泵	台	个
水库／坝	个，座	个
水桶／桶（子）	个，只，副	个
蒜／蒜	头，瓣	个，咕嘟，瓣，辫
算盘／算盘	把，个	个
锁／锁子	把	个，把
塔／塔	座	个
台阶／台台， 高房踩踩（西吉话）	级，个	个
痰／痰	口	嘴，口
糖（糖果）／洋糖，糖	块，颗	个，颗（西吉话），斤
题／题	道，个	个，道
梯子／梯架	个，架	个
田／地	块	块，片，溜，亩
蹄子／蹄子，蹄蹄（子）	个，只	个
头发／头发	根，绺，撮	根，撮，绺，头
铁丝／洋铁丝，洋丝， 铁丝	根，段，条，截，卷	根，截，卷
图章／章子	个，颗，方	个
土／土	把，撮，层	把，撮，层，堆，车
兔子／兔儿	只，个	个
腿／腿	条，只，双	个，双
拖拉机／拖拉机	台	个

续表

名词 （普通话 / 宁南方言）	量词 （普通话）	量词 （宁南方言）
唾沫 / 唾咪	口	嘴，口
瓦 / 瓦	块，片，垄	个，片，页，摞
碗 / 碗	个，摞	个，摞
围巾 / 围脖子（儿）， 手巾	条	个
尾巴 / 尾巴	条，根	个
味儿 / 味道	股	股
文章 / 文章	篇，段	篇
蚊子 / 蚊子	只，个	个，群
屋子 / 房	间	个，间
西瓜 / 西瓜，瓜	个，块，牙	个，牙，斤
席子 / 席	领，张，卷	个，张，卷
戏 / 戏	出，台，个，场	个，场，台
虾 / 虾，虫虫（固原话）， 牛牛（固原话）	只，个	个
霞 / 烧 [ʂɔ44]	片，朵	片
弦 / 弦（子）	根	根，个
线 / 线	条，根，股，支，轴，子， 团，桄，条	根，滚，桄，股，骨碌
香 / 香	盘（盘香），支，根，子（线 香）	个，根，把，盒，板
香肠 / 香肠	根	个
箱子 / 箱子	个，口	个
香蕉 / 香蕉	根，个，把	个，抓，把，斤
象 / 大象	头	个，群

续表

名词 （普通话／宁南方言）	量词 （普通话）	量词 （宁南方言）
相片／相，相片（子／儿）	张，帧，幅	张，个
消息／信，音信	个，条，则	个
鞋／鞋 [xε24]	双，只	双，只
心／心	颗，个，条	个
信／信	封	封，个
星／宿宿，星宿（西吉话）	颗，个	个
学校／学校	所，个	个
血／血	滴，滩，片	滴，点，滩，片，堆
雪／雪	场，片	场，片
鸭子／鸭子	只，个	个，群
牙齿／牙	颗，个，排，口	个，口，嘴
牙膏／牙膏	支，管	个，盒
烟／烟	股，缕	股，房
眼睛／眼睛	只，个，双，对	个，只，双，对
眼镜／眼镜	副	个，副
眼泪／眼泪	滴，串，行，（一）把	股，点，滴，把
雁／古噜雁，大雁（泾源话）	只，行	个，行，群
秧苗／苗子，苗苗子（儿）	根，棵，株	个，棵
羊／羊	只，头	个，群
腰带／裤带	根，条	个
药／药	副，服，剂，味， 丸（以上中药），片， 粒（以上片剂）	个，片，颗，丸，副，包

续表

名词 （普通话 / 宁南方言）	量词 （普通话）	量词 （宁南方言）
钥匙 / 钥匙	把	个，把
叶子 / 叶子，叶叶	片，张	片，个
医院 / 医院	所，家，个，座	个，家
椅子 / 靠子，靠椅子	把，个	个，把
影子 / 影影	条，个	个
银行 / 银行	个，所，家	个，家
邮票 / 邮票，印花（西吉话）	张，枚，套	个，张
鱼 / 鱼儿，鱼	条，尾	个，条
雨 / 雨	阵，场，滴	阵，场，点
月饼 / 月饼	个，块，牙	个，牙，块，盒，斤
云 / 云	朵，块，片，团	朵，片
灾荒 / 年馑	场，次	场
炸弹 / 炸弹	颗，个	个
水闸 / 水闸，闸门（子）	道，座	个，道
战争 / 仗	场，次	场，个
账 / 账	本，笔	本，笔，股，个
针 / 针	根，个，枚	个，根
枕头 / 枕头	个，对	个，对
政策 / 政策	项，个，条	个
职业 / 工作	项	个
纸 / 纸	张，片，刀，沓	张，片，刀，沓，页，捆
制度 / 制度	条，项，个	个
钟 / 表，钟表	个，座	个

续表

名词 （普通话／宁南方言）	量词 （普通话）	量词 （宁南方言）
种子／籽儿，种子	颗，粒	颗，袋
珠子／珠珠子，珠豆子， 珠子豆豆，珠子	粒，颗，串，挂	个，颗，串
猪／猪，猪儿（固原话）	口，头	个，头
竹子／竹子	根，节	个，根，节
主张／主意	项，个	个
柱子／柱子	根	个，根
砖／砖头	块，摞	个，块，页，摞
锥子／锥子	把	个
桌子／桌子，桌桌子	张，个	个，张
子弹／枪子儿	粒，颗，发	个
字／字	个，行，笔	个，行，笔
钻／钻子	台，把	个
嘴／嘴	张，个	个，张

第二节　副词

本节只介绍有本地方言特点的副词。

一、程度副词

（1）很：常作补语，表示程度高，三地话都说。例如：

我高兴得很。

补语标记"得"也可以省略。例如：

我高兴很。

"得很"有时合音为"腾"[thəŋ53]。例如：

我高兴腾。

"很"也可作状语，例如：

这一向咋很不见你。

（2）零干：作补语，表示程度高，三地话都说。例如：

今儿把人乏零干咧。

（3）日踏：作补语，表示程度高，有粗俗意味，三地话都说。例如：

两个人好日踏咧。

（4）劲大：作补语，表示程度高，三地话都说。例如：

把他爷气劲大咧。

（5）过火：作补语，表示程度高，三地话都说。例如：

乜做下的饭香过火咧。

西吉话也说"过赞"。例如：

致个馆子的饭香过赞咧。

（6）苒大：作补语，表示程度高，三地话都说。例如：

致楼盖得美苒大。

（7）稀：作补语，表示程度高，西吉话。例如：

今儿的天气热稀咧。

（8）扎：作补语，表示程度高，三地话都说。例如：

a. 致两天把人忙扎咧。

b. 今年把活做扎咧。

（9）不得活：作补语，表示程度高，三地话都说。例如：

致个板凳结实得不得活。

（10）不得了：作补语，表示程度高，三地话都说。例如：

电影美得不得了。

（11）些微：作状语，义同普通话"稍微"，三地话都说。例如：

你些微缓卡再走。

（12）些许：作状语，"稍微"义，三地话都说。例如：

娃娃碎着呢，些许说两句奏能行咧。

（13）轻末：作状语，"稍微"义，三地话都说。例如：

你轻末等卡，我奏来咧。

（14）勤：作状语，"稍微"义，西吉话。例如：

你勤一等，格_我一下子就来咧。

（15）险火：作状语，义同普通话"差点"，三地话在发音上有差异。例如：

你看悬吗，险火跌倒咧。

原州话说"险火""险火火""一火火"，西吉话说"险乎儿""险乎乎"，泾源话说"险火儿""险火火儿""些火儿"。西吉话还有"差一能""差一能能儿""稀迷迷儿""一吼吼"等类似说法，泾源话还有"稀乎乎""稀火火""差乎乎"等类似说法。

（16）习：作状语，"差点"义，三地话都说。例如：

我习等不住你咧。

"习"也可以重叠，表示程度加强。例如：

我习习等不住你咧。

（17）习不：作状语，类似于普通话"特别"，固原、西吉话。例如：

乜剪下的窗花习不好。

（18）紧着：作状语，类似于普通话"非常"，西吉话。例如：

他姑舅爸挣的钱紧着多。

二、范围副词

（1）老仏 [lɔ24mu21/lɔ21mu53]：作状语，"仅仅"义，固原、西吉话。例如：

a. 我老仏五十块钱，都叫贼娃子偷去咧。

b. 老仏三天奏把房盖成咧。

（2）带共：作状语，"一共"义，也说"带利""带个""带赖"，三地话都说。例如：

家里带共只有五亩地。

（3）满共：作状语，"一共"义，三地话都说。例如：

他们学校满共六个老师。

（4）一达（里）：作状语，"一起、一齐"义，三地话都说。例如：

a. 我喊一二，咱们一达（里）跳。

b. 你们两个一达（里）走。

（5）刚：作状语，"只"义，三地话都说。例如：

a. 王大夫刚看皮肤病。

b. 我刚不吃羊肉。

（6）过来过去：作状语，"处处""总是"的意思，三地话都说。例如：

老三过来过去连我不得到交里_{总是和我过不去。}

三、时间副词

（1）撆 [phiɛ24]：作状语，"重新"义，原州话。例如：

撆来一遍。

（2）从：作状语，与"撆"同义，三地话都说。例如：

写下的致这啥吗，从写！

（3）只管：作状语，义同普通话"经常"，三地话都说。例如：

a. 你奏只管耍手机着呢。

b. 他打麻将只管输着呢。

（4）只固 [tsๅ21ku44]：作状语，义同普通话"一直"，三地话都说。泾源话要"儿"化，西吉话也说"只共"，原州话也说"执固"。例如：

a. 兀儿那儿只固（儿）烂着呢。

b. 致几天只固（儿）下雨着呢。

c. 我咋只共输着呢！

（5）一老：作状语，义同普通话"老是"，三地话都说。例如：

a. 致个娃娃一老冕麻达惹麻烦着呢。

"一老"也可表示"很久"的意思。例如：

b. 我一老没见他咧。

（6）一共：作状语，义同普通话"一直"，三地话都说。例如：

我腿致达咋一共疼着呢。

（7）带共：作状语，义同普通话"一直""从来"，三地话都说，也说"带利"等。例如：

a. 黑蛋做活带共这么泼实。

b. 我带共没听过致个事。

（8）连住 [tʂhu21]：作状语，义同普通话"一连"，三地话都说。例如：

唉，今年干着，连住三个月没下雨咧。

（9）肯：作状语，义同普通话"经常"，三地话都说。例如：

a. 他肯来我们致达_{这里}。

"肯"也有"能"的意思，例如：

b. 致个狗娃子肯吃很。

（10）亚：作状语，即普通话"也"，三地话都说。泾源话也说"阿"。例如：

a. 你去我亚去呢。

b. 你不去我阿不去。

（11）可：作状语，义同普通话"又"，三地话都说。例如：

你咋可来咧？

（12）可加：作状语，"已经"义，三地话都说，发音有差异。原州话说"可加""可截""可着""阔截"，西吉话说"干加""圪加""各 [kuə21] 加"，泾源话说"干加""各 [kuə31] 加"，等等。例如：

a. 可加五点咧，你还不做饭。

b. 投_等我去些，戏各加罢咧。

（13）原回：作状语，"仍旧"义，原州话。例如：

原回放咧三天假。

（14）几桄赤：作状语，"几下"义，三地话都说。类似的还有"一桄赤""一个赤"等说法。例如：

拆迁补下的钱，乜几桄赤抖 [thəu53] 光咧。

（15）十呢五呢：作状语，"偶尔"义，三地话都说。原州话也说"十搭五闲""十搭五四"。例如：

a. 十呢五呢回一回娘家。

b. 十搭五闲上一回山。

（16）走呢站呢：作状语，"经常""时时"义，三地话都说，西吉话也说"走唻站唻"。例如：

a. 走呢站呢看书着呢。

b. 走唻站唻拿的书。

（17）前呢后呢：作状语，"先后"义，三地话都说。例如：

为致个娃娃的事，我前呢后呢跑咧几回。

（18）闻早：作状语，"趁早"义，原州话。例如：

你闻早走，看下开咧着。

（19）才将：作状语，"刚刚"义，三地话都说。例如：

掌柜子才将回来。

（20）将将：作状语，"刚刚"义，三地话都说。例如：

他将将才走。

（21）将：作状语，"刚刚"义，三地话都说。例如：

a. 你将来，咋可加走恰_{怎么就要走呢}？

b. 我将学着开车着呢。

（22）放快：作状语，"赶快"义，三地话都说。例如：

放快往医院拉，一阵来不及咧。

（23）列快：作状语，"赶快"义，原州话。例如：

列快走，在奈担_{那儿}品_{磨蹭}啥着呢！

（24）永老：作状语，"永远"义，三地话都说。例如：

老队长的情我们永老记着呢。

（25）永世：作状语，"从来"义，西吉、泾源话。原州话说"有世"。

例如：

a. 我舅永世给我没给过钱。

b. 致几个娃娃有世在我们不来_{不来我们家}。

"永世"也有"永远"义，例如：

c. 兀个事我永世记着呢。

（26）旋 [ɕyæ44]：作状语，表示一个动作跟另一个动作同时进行。

三地话都说。例如：

a. 旋弄着就黑咧。

b. 麦子旋黄旋割。

c. 你旋耍着，给咱们把雀儿旋看着噢！

d. 旋走旋看，再不咧想那么多咧。

四、描摹副词

（1）由性（儿）：作状语，"由着自己的性子"的意思，表示做某
事的投入程度非常高。三地话都说。例如：

你咋由性（儿）骂人呢？

（2）冷尻：作状语，"毫无约束、顾忌"的意思，有粗俗色彩，三
地话都说。例如：

a. 放假咧一天冷尻地耍着呢。

b. 兀_{那个人}冷尻喝酒呢。

（3）冷：作状语，义同"冷厾"，粗俗色彩有所减弱，三地话都说。例如：

奈一天冷吃呢。

（4）扯展：作状语，"完全放开"义，三地话都说。例如：

一天扯展打游戏着呢。

（5）吃住 [tʂhu53]：作状语，"不停歇"或"不松手"义，三地话都说。例如：

老碎_{老小}今儿个吃住抹牌_{打牌}着呢。

（6）按猛子：作状语，"趁人不备""猛地"义，三地话都说，也说"打猛子"。例如：

a. 乜按猛子把我搡咧一个爬扑子。

b. 打猛子一看，险火_{差点}没认得。

（7）霍霍：作状语，"轻轻"义，三地话都说。例如：
霍霍放噢，小心跱烂咧着。

（8）冒：作状语，"胡乱"义，三地话都说。例如：

a. 不咧冒走咧，走错咧奏麻达咧。

b. 你一共冒说着呢。

（9）罢利儿：作状语，"故意"义，三地话都说，说法有差异。原州话说"罢利儿""利故意儿""利故意子"等，西吉话说"利故""呆故意子""利情家"等，泾源话说"故意（儿）"等。例如：

a. 你致是罢利儿寻事着呢么。

b. 他利故看我的笑摊_{笑话}着呢。

c. 致个碎厾故意儿在兀儿耍怪着呢。

（10）呼 [xu53] 地：作状语，"猛地"义，三地话都说。例如：

乜呼地一下站起 [tɕhiɛ53] 来咧。

（11）一趟：作状语，"顺便"义，西吉话。例如：

你走超市去呢，一趟给我买盒烟。

（12）各家 [kuɤ24tɕiɛ21]：作状语，"独自"义，原州话。泾源话说"各人家"。例如：

a. 碎女子各家在兀达耍着呢。

b. 你各人家闹 [lɔ44] 去，我忙着呢。

五、否定副词

（1）覅 [pɔ31/213]：作状语，"不要"义，泾源、固原话。例如：

a. 你先覅走，我有话给你说呢。

b. 叫你覅去，你还硬要去呢。

（2）没事：作状语，"不能"义，三地话都说。例如：

你再不犟咧，没事兀么弄。

（3）不咧：作状语，"不要""别"义，三地话都说。西吉话也说"不唠"。例如：

a. 活做不完，奏不咧想着缓咧。

b. 你再不咧吃烟咧。

c. 不唠去兀么早唠。

（4）侯：作状语，"不"义，西吉话。例如：

侯了去 不要去。

侯了抢 不要抢。

六、语气副词

（1）万世：作状语，义同普通话"千万"，西吉话。例如：

明儿万世不敢下雨，我还有二亩麦子没割呢。

（2）瞎好：作状语，"不管怎样""无论如何"义，同普通话"好歹"，三地话都说。例如：

a. 兀瞎好不管家里。

b. 致个事我瞎好不黏 [ʐæ̃24] 不沾染。

也说"贵贱""死活"，都是同义词。例如：

c. 喝咧酒贵贱不敢开车。

d. 我做下的活乜死活看不上。

（3）急忙：作状语，大致相当于普通话"迟迟"，强调心里着急的感受，原州话。例如：

急忙等不住你来。

（4）怕：作状语，表推测，"可能"义，有担心的意味，三地话都说。例如：

a. 怕有十一点咧。

b. 外那个人那怕不来咧。（泾源话）

c. 致个人怕靠不住事。

d. 他怕晓不得。

e. 事情怕不把稳。

（5）带共：作状语，义近"压根儿"，强调意味明显，也说"带利"等，三地话都说。例如：

a. 我带共没去过北京。

b. 我带利奏认不得他。

（6）真个：作状语，"真的"义，也说"知个"，原州话"真个""知个"都说，西吉话一般说"知个"，泾源话一般说"真个"。例如：

a. 电视上说有雪呢，真个还下开咧。

b. 他知个回来咧。

（7）靠死 [kʰɔ21sɿ53]：作状语，"肯定"义，西吉话。例如：

没麻达，兀靠死奏来咧。

房顶上的活靠死要我做呢。

（8）明情：作状语，"明显"义，三地话都说。例如：

明情不对，乜硬要兀么做呢。

（9）亏当：作状语，"幸亏"义，固原、泾源话，西吉话说"亏他"。例如：

a. 亏当跟前有人呢，不是些奏没事咧 _{不然的话就不行了。}

b. 亏他是老师没在，不是奏把活着上咧 _{不然就挨收拾了。}

（10）保险：作状语，"一定、肯定"义，三地话都说。例如：

a. 碎女子今年保险能考上。

b. 保险在乍乍 _{这儿} 呢。

（11）端端：作状语，"恰巧"义，三地话都说。例如：

a. 人家都来了，端端奏他没来。

b. 刚想堵车呢，端端来咧个拉人的车。

（12）怪道：作状语，"怪不得"义，三地话都说。例如：

致两个是对羔子 _{双胞胎}，怪道长得致么像。

（13）到来：作状语，"原来"义，西吉话。固原、泾源话说"到了"。例如：

a. 到来是个你噢？我还当谁着呢。

b. 到了是试没考好，我说咋致么蔫。

（14）没咧：作状语，加强反问语气，或者表示揣测，类似于"难道"，三地话都说。西吉话也说"不唠"。例如：

a. 没咧你能当一辈子官吗？

b. 没咧是我听错咧？

c. 不唠是格_我听错唠？

（15）刚：作状语，"正"的意思，加强肯定的语气，三地话都说。例如：

a. 窍道刚在乍乍_{这儿}呢。

b. 刚说你着呢，你奏来咧。

（16）左是：作状语，"不管怎么样都"义，三地话都说。例如：

a. 你一个人出门，我心里左是不瓷实。

b. 媳妇子再好，左是没有各家 [kuɤ24tɕiɛ21]_{自己}女子亲。

第三节　代词

一、人称代词

宁南方言人称代词汇总如下：

	单数	复数
第一人称	原州：我 西吉：我 [ŋə53]　格 [kə53] 泾源：我　咱	原州：我们　咱们 西吉：我们　咱们　□ [ŋɔ53] 膏 [kɔ53]　曹 泾源：我们　我底　咱　咱们 咱底
第二人称	原州：你 西吉：你 泾源：你	原州：你们 西吉：你们　纽 [ȵiu53] 泾源：你们　你底
第三人称	原州：他　乜 西吉：他　乜　兀 泾源：他	原州：他们　乜们 西吉：他们　乜们 泾源：他们　他底
其他	原州：各人　各家　自己　人家　大家　□ [ʐɤr24] 西吉：各人　各家　自己　人家　大家　乜人 泾源：各人　各家　自己　□ [ȵia53]　大家　大伙儿	

三地话人称代词总体构成情况大体一致。下面分别介绍有本地方言特点的一些人称代词。

（1）格 [kə53]：第一人称代词单数形式，义同"我"，西吉（部分乡镇）话。例如：

格来银川唠。

（2）□ [ŋɔ53]/ 膏 [kɔ53]：第一人称代词复数形式，义同"我们"，不包括听话人，西吉（部分乡镇）话。例如：

□ / 膏臧到银川唠，你在啊哒唻_{哪里呢}？

（3）曹：第一人称代词复数形式，义同"咱们"，包括听话人，西吉（部分乡镇）话。例如：

曹几个走银川走。

（4）咱 [tsa35/tsha35]：泾源话中有"咱"，汉民一般发不送气音，回民一般发送气音，可以表示单数，也可以表示复数。例如：

a. 咱听不懂他的话。

b. 咱们几个都走。

（5）纽：第二人称代词复数形式，义同"你们"，西吉（部分乡镇）话。例如：

纽不来，膏跟谁耍唻？

（6）乜 [ȵiɛ24]：第三人称单数形式，义同"他"或"人家"，含有一定的感情色彩，如羡慕、嫉妒等，复数形式为"乜们"，固原、西吉话都说。例如：

a. 乜来银川寻我来咧。

b. 乜们的日子都好着呢。

（7）底 [ti31]：泾源回民话表示复数的后缀。"我底"就是"我们"，"你底"即"你们"，"他底"即"他们"，"咱底"就是"咱们"。需要注意的是，在这种复数形式里，"底"缀前的"我""你""他"与表示单数时发音不同。例如：

a. 我 [ŋɤ53] 是泾源人。

b. 我底 [ŋɤ31ti31] 是泾源人。

（8）各人 [kuɤ24zəŋ21]：义同"自己"，也说各家 [kuɤ24tɕiɛ21]，三地话都说。例如：

a. 各人的事各人做。

b. 衣裳你叫乜各家挑。

（9）□ [ʐɤr24]：义同"人家"，原州话。例如：

□ [zɤr24] 现在大咧，咱们能管下_{管住}吗？

（10）乜人：义同"人家"，西吉话。例如：

乜人的事情曹能管了吗？

（11）"自己""大家"三地话都说，泾源话也说"大伙儿"，都是受到普通话影响产生的比较新派的说法。

二、疑问代词

宁南方言疑问代词汇总如下：

指代	代词
人	原州：谁　啥　哪个　哪些　咋么个 西吉：谁　啥　哪/啊/呀个　哪/啊/呀些　咋么个 泾源：谁　啥　哪/啊个　哪/啊些　咋么个
事物	原州：啥　哪个　哪些　咋么个 西吉：啥　哪/啊/呀个　哪/啊/呀些　咋么个 泾源：啥　哪/啊个　哪/啊些　咋么个
处所	原州：哪哒/啊　哪个　哪些　咋么个 西吉：哪/啊/呀哒　哪/啊/呀个　哪/啊/呀些　咋么个 泾源：哪/啊哒　哪/啊个　哪/啊些　咋么个
时间	原州：几时　啥时候　哪　哪个　哪些　咋么个 西吉：几时　啥时候　哪/啊/呀　哪/啊/呀个 哪/啊/呀些　咋么个 泾源：几时　啥时候　哪/啊　哪/啊个　哪/啊些　咋么个
数量	原州：多　多少　几 西吉：多　多少　几 泾源：多　多少　几
性状方式	原州：咋　咋么　咋么个　多 西吉：咋　咋么　咋么个　多 泾源：咋　咋么　咋么个　多　咋也儿

三地话中的疑问代词大同小异，下面略作说明。

三地话中最基本的疑问代词是相同的，绝大多数衍生出来的疑问代词也都一样，这从表中可以看出来。下面分别举例说明。

a. 谁：谁来了？

b. 啥（问人）：来咧个啥人？

c. 哪个（问人）：哪个是你舅舅？

d. 哪些（问人）：哪些人你认不得？

e. 咋么个（问人）：你们老师是咋么个人？

f. 啥（问事物）：这是个啥？

g. 哪个（问事物）：你爱哪个样子？

h. 哪些（问事物）：哪些字你认不得？

i. 咋么个（问事物）：你订咧咋么个家具？

j. 哪哒：你走哪哒去切？

k. 哪个（问处所）：你去过哪个庙？

l. 哪些（问处所）：哪些乡还没通上电？

m. 咋么个（问处所）：你说的是咋么个地方撒？

n. 几时：你几时回来的？

o. 啥时候：你啥时候走切？

p. 哪：哪一天放假着呢？

q. 哪个（问时间）：你哪个礼拜闲着呢？

r. 哪些（问时间）：哪些日子能娶媳妇撒？

s. 咋么个（问时间）：你看咧咋么个日子？

t. 多：有多重？

u. 多少：来咧多少个人？

v. 几：他姨父你喂咧几个羊？

w. 咋：致个桌子咋摆呢撒？

x. 咋么：我看你咋么耍着呢？

y. 咋么个：事情弄得咋么个咧？

z. 多：我看他到底有多争_{厉害}？

个别疑问代词三地话略有差异。

第一，原州话用"哪"的地方，西吉话和泾源话还有其他的形式。例如原州话说"哪""哪哒""哪个""哪些"，泾源回民话还有"啊""啊哒""啊个""啊些"，西吉部分乡镇话除了这两套都能说之外，还有"呀""呀哒""呀个""呀些"。例如：

a. 啊：啊一天闲咧耍来！

b. 啊哒：你在啊哒念书着呢？

c. 啊个：你寻啊个老师哩？

d. 啊些：啊些地方种西瓜着呢？

e. 呀：呀一天闲唠呀一天来。

f. 呀哒：格_我像是在呀哒见过你。

g. 呀个：呀个地方都能养活人。

h. 呀些：呀些人没来你记一下。

第二，原州话问处所时除了说"哪哒"以外，还可以说"哪啊"。例如：

a. 你在哪啊呢？

b. 哪啊截儿个_{今天}有集呢？

第三，泾源回民话问性状、方式时说"咋也儿 [tsa53Øier44]"，是"咋

样儿 [tsa53∅i ɑ r44]"音变而来，义同"咋样儿"。例如：

事办得咋也儿咧？

三、指示代词

宁南方言指示代词汇总如下：

指代	指示代词	
	近指	远指
人或事物	原州：致　致个　致些 西吉：致/宙　致/宙个　致/宙些 泾源：致/这　致/这个　致/这些	原州：奈　奈个　奈些 西吉：兀　兀个　兀些 泾源：兀/奈/外 　　　兀/奈/外个　兀/奈/外些
处所	原州：致担　致达　致里　致傍个 　　　致搅处　乍　乍乍 西吉：致/宙达　致/宙里 　　　致/宙傍个　致/宙搅处 泾源：致/这儿　致达 　　　致/这里　致/这傍个 　　　致/这搅处　乍　乍乍	原州：奈担　奈达　奈里 　　　奈傍个　奈搅处　欧达 西吉：兀达　兀里　兀傍个　兀搅处 泾源：兀/奈达　兀/奈里 　　　兀/奈傍个　兀/奈搅处 　　　兀儿　那儿
时间	原州：致一阵　致时节/候　致一向 西吉：致/宙一阵　致/宙时节/候 　　　致/宙一向 泾源：致/这一阵儿 　　　致/这时节/候　致/这一向	原州：奈一阵　奈时节/候　奈一向 西吉：兀一阵　兀时节/候　兀一向 泾源：兀/奈/外一阵儿 　　　兀/奈/外时节/候 　　　兀/奈/外一向　兀/奈会儿
数量	原州：致些　致么些　致么多/少 西吉：致/宙些　致/宙么些 　　　致/宙么多/少 泾源：致/这些　致么些 　　　致么多/少	原州：奈些　奈么些　奈么多/少 西吉：兀些　兀么些　兀么多/少 泾源：兀/奈/外些 　　　兀/奈/外么些 　　　兀/奈/外么多/少

续表

指代	指示代词	
	近指	远指
性状方式	原州：致么　致么个 西吉：致/宙么　致/宙么个 泾源：致么　致么个　致也儿	原州：奈么　奈么个 西吉：兀么　兀么个 泾源：兀/奈/囊么 　　　兀/奈/囊么个　外也儿 　　　兀个也儿
其他	原州：各　另　再的 西吉：各　另　再的 泾源：各　另　再的	

　　宁南方言指示代词只有近指和远指，没有中指。不过，需要说明的是，远指代词有通过拉长发音指示更远地方的用法。例如：

　　a. 他们家在奈担呢。（一般性远指）

　　b. 他们家在奈——担呢。（强调很远）

　　从指代人或事物，到指代处所、时间、数量、性状、方式等，基本近指代词和远指代词会衍生出一系列相应的指代形式。

	基本近指代词	基本远指代词
原州话：	致	奈
西吉话：	致、宙	兀
泾源话：	致、这	兀、奈、外

	常用衍生后缀
人或事物：	个、些
处所：	达、里、傍个/半个、搅处

时间：	一阵、一向、时节、时候
数量：	些、（么）多、（么）少
性状、方式：	么、么个、也儿

基本的近指和远指代词，与衍生后缀组合，就产生了成系列的指示代词系统。详见上表。这种组合规律使得指示代词系统比较规整，系统性很强。

另一方面，以下几方面的因素使得指示代词系统呈现出复杂和零乱的特点。

第一，发音的差异。宁南方言中都有近指代词"致"，音发 [tʂʅ44]，泾源汉民话中也有近指代词"这"，音发 [tʂɛ53]，普通话近指代词"这"，音发 [tʂɤ]，其实都是近代汉语近指代词"这"发展演变到现代汉语在各方言的不同的发音变体。也就是说，根底上是同一个词，由于发音的不同，造成了指示代词表面上的纷繁复杂。又如泾源话中的"外也儿""兀个也儿""致也儿"，其中的"也儿 [Øier44/21]"其实就是普通话的"样儿"，这也是发音上的差异造成的不同。

第二，三地话的近指代词最基本的形式都是"致"，除此之外，西吉话还有"宙 [tʂəu44]"，泾源话还有"这 [tʂɛ53]"[①]；远指代词西吉、泾源话都有"兀 [vu44]"，除此之外，泾源话还说"奈 [nɛ44]"和"外 [vɛ53]"，原州话一般都说"奈 [nɛ44]"。由于基本近指代词和远指代词的这种差异，造成了一系列衍生代词的差异，这也是指示代词系统纷繁复杂状况的一个根源因素。还需要说明的是，其实固原个别地方的人也说"这""兀"或"外"，西吉个别地方的人也说"奈"，这更加造

---

① 泾源汉民一般说"这"，回民既说"这"，也说"致"。

成了三地话在指示代词方面的复杂和差异。另外，宁南各县区之间互相接邻，交往交流频繁深入，因此各地话之间交叉感染并逐渐趋同的倾向比较明显。

下面是一些有本地特点指代词的语例。

（1）宙：西吉话，近指代词，"这"义。例如：

宙个宙灾得不得了。（这个这坏得不得了）

（2）欧达：原州话，远指代词，指处所，"达"可重复，有强调意味。例如：

他们家在欧达（达）呢，翻个沟就到咧。

（3）搅处：三地话都说，"一片地方""一带"的意思，"致搅处"就是"这一片地方"或"这一带"的意思，其他可类推。例如：

致搅处的水没事吃。（这一片地方的水不能吃）

（4）乍 [tʂa53]：原州话和泾源话里的近指代词，应该是"致（这）下"的合音，可重复为"乍乍"，强调意味增强。例如：

爷爷，眼镜在乍乍呢。

（5）致也儿：泾源回民话，"这样儿"义。例如：

咱都致也儿说着哩。

（6）囊么（个）：泾源汉民话，"那样（的）"义。例如：

a. 像油菜花囊么黄。

b. 你咋急成囊么个咧？

（7）"各""另""再的"是三地话中都较常用的代词。"各"指某一范围内的所有个体，"另"指所说范围之外的人或事物，"再的"就是"另外的"。例如：

a. 明儿个的事各家都要出人呢噢。

b. 致是另一家子的。

c. 奏来了致么些人，再的怕还睡着呢。

第四章　虚词

第一节　介词

宁南各地方言内部在介词的使用上比较一致，整体上与普通话有一定的差异。本节按照意义类型对宁南方言介词进行比较系统的梳理和说明。

一、表示时间、处所、方向

（1）在：主要表示时间或处所，与普通话用法相同，三地话都说。例如：

　　a. 我准备在腊月里娶媳妇子切_{表示将来时态的语气词。}（原州话）

　　b. 几个娃娃在大场里看戏着呢。

　　c. 儿子在广州打工着呢。

（2）从：表示起于、经过或根据，与普通话用法相同，三地话都说。例如：

　　a. 从固原发车着呢。

　　b. 我从他外爷跟前借咧五百块钱。

c. 曹从城里坐车。（西吉话）

d. 你从南门进来。

e. 从外_{指人代词}走路姿势看，奏是蔫老六。（泾源话）

（3）搭：与"从"同义，三地话都说。例如：

a. 搭致担_{这里}往西傍个走，走上三里路奏到咧。（原州话）

b. 搭春上起，奏没有下过一场透雨。

c. 搭根底下铰唠去。（西吉话）

d. 搭啊哒_{哪里}来的人都有哩。（泾源回民话）

e. 咱们搭火石寨起身。

f. 你搭后门进来。

g. 这娃搭碎碎的奏病多_{这孩子从小就病多。}

"搭"后边也可以跟"住 [tʂhu21]"，意义、用法同"搭"。例如：

h. 搭住边边走。

i. 搭住工作唠，就 [tɕhiəu44] 很没有回来。（西吉话）

（4）搭从："搭""从"连用，义同"从"，三地话都说。例如：
搭从春上走咧，再奏没音信咧。

（5）自搭：义同"自从"，三地话都说。例如：
自搭兀一年两个人再没见过。

（6）干 [kæ̃31]，义同"从"，泾源回民话。例如：

a. 干这儿再走五里路，奏_就到卫生院咧。

b. 我干支书跟前借咧五百块钱。

c. 干外走路姿势看，奏_就是蔫老六。

（7）齐：义同"从"。例如：

a. 齐根底铰断去。

b. 齐边边儿扎。

c. 我看着一个人齐窗子兀达那儿过去咧。

（8）插住：义同"挨着"，泾源话。例如：

韭菜要插住根根割。

（9）加：义同"从"，原州话。例如：

我看着一个人加窗子兀担那儿过去咧。

（10）离："距离"义，三地话都说。例如：

a. 泾源离银川要八百里路呢。

b. 致个事离而个现在有三个月咧。（原州话）

c. 宙达这儿离膏我屋里家里近着哚。（西吉话）

（11）等："等到"义，三地话都说。例如：

a. 等我们到车站嘛，乜可着已经走咧。（原州话）

b. 等年过咧，你再打工去。

（12）到：引进行为、动作的处所或时间，与普通话用法相同，三地话都说。例如：

a. 你到车站来接我。

b. 致达到固原有一百多里路。

c. 你到两点叫我。

d. 一共到六月里才下咧一场透雨。

e. 到夏里来老龙潭要的人多得很。

（13）着：引进行为、动作的处所，相当于介词"到"，原州话。例如：

a. 坐着炕上。

b. 放着架子车上。

（14）投：义同"等到"，三地话都说。例如：

a. 投我瞅着嘞，乜可加走远咧。（原州话）

b. 投我回来些，他都睡着咧。（泾源话）

（15）投到：义同"等到"，三地话都说。例如：

a. 投到七月里，杏儿早没有咧。

b. 投到你去，乜饭干加_{已经}吃窝也_好唠。（西吉话）

c. 投到我去嘞，没饭咧。

（16）撵 [ȵiæ53]："到"义，原州话。例如：

撵年跟前奏吃光咧。

撵亮_{天亮}奏做成咧。

（17）按 [næ53]："到"义，三地话都说。例如：

按腊月就把钱拿上咧。

（18）赶："到"义，西吉话。例如：

赶冬里就把媳妇娶唠。

（19）临："临到"义，原州话。例如：

a. 临到了致个钱都没花出去。

b. 临走切裹_{给我，合音词}给咧二百块钱。

（20）朝：表示动作的方向，与普通话用法相同，三地话都说。例如：

a. 乜转过来朝我笑咧一下，我还没辨来。（原州话）

b. 兀个房朝南着哝。（西吉话）

c. 你朝南傍个走。

d. 朝兀达_{那儿}一直往前走。

（21）往：表示动作的方向，与普通话用法相同，三地话都说。例如：

a. 你二舅往河沿奈担_{那里}走咧。（原州话）

b. 你往前再走卡_{一下}。

c. 车往东半个走唠。（西吉话）

d. 你往你背后看。

e. 他往河沿兀达_{那里}跑咧。

（22）央：同"往"义，西吉话。例如：

赶紧央医院走，病怕劲大咧。

（23）搭：义同"朝"，表示动作的方向，原州话。例如：

我们娃娃搭学校里走咧。

（24）当："面对着，向着"的意思，三地话都说。例如：

a. 你当着亲戚的面，给我说个下 [xa44]_{属结果}。

b. 当着媒人的面给咧一万块钱。

c. 你咋当致么多的人面揭人短呢撒？

d. 当着他达_爸他妈的面美美骂咧一顿。

二、表示凭借、依据、方式、工具

（1）趁："利用（时间、机会）"义，三地话都说。例如：

a. 趁天还没黑，赶紧往回跑。

b. 趁着而个_{现在}人多，赶紧偷地走。（原州话）

c. 趁住人多，赶紧把帐篷搭起 [tɕhiɛ53] 来。

（2）趄 [tɕhiɛ44]："利用或凭借（时机、事物）"义，三地话都说。

例如：

a. 你再不趄影影嚎_哭咧撒。（原州话）

b. 趄买烟连你扯两句闲。

c. 这个娃娃趄着他舅舅把钱挣下咧。

d. 趄住门康寻狠着咪。（西吉话）

e. 趄住天气好把场碾咧去。

f. 趄拆迁发咧一笔财。

g. 趄着今儿个有车哩，抹_把家具买咧算咧。（泾源回民话）

（3）靠："凭借、依靠（事物）"义，三地话都说。例如：

a. 靠右傍个走。

b. 靠墙站下三个人。

c. 奈是靠住门槛试狠着呢。（原州话）

d. 靠住墙晒暖暖着哩。（泾源回民话）

e. 刚靠你一个人奈_那拿不动。

f. 靠住他达_爸有钱授 [ʐua24]_{折磨}人着咪。（西吉话）

（4）凭："凭借（事物）"义，三地话都说，是受普通话影响而产生的比较新派的说法。例如：

a. 奏凭你噢，把老子瞅个两眼半。

b. 人要凭本事吃饭呢。

（5）仗："凭借（事物）"义，泾源话说。例如：

仗着你老子有几个臭钱，三天两头欺负人着呢。

（6）顺："挨着""沿着"义，三地话都说。例如：

a. 顺住大路走。

b. 顺住路边边走。

c. 你顺住致个蛐蜒路往前走奏到咧。

d. 水顺住路边里淌着呢。

e. 顺路边里把管子压上。

f. 你顺着你达_爸说撒。（原州话）

g. 顺着沿边下走。（西吉话）

h. 顺住墙立着哩。（泾源回民话）

（7）挨："顺着（次序）"义，三地话都说，发音有差异，原州话发 [nɛ213]，西吉话发 [kei13] 或 [nei13]，泾源话发 [nɛ31] 或 [ŋɛ31]。例如：

队长挨家挨户收钱着呢。

你快挨着窗子坐下。

社火挨家挨户转着唻。（西吉话）

（8）按 [næ44]："依照"义，与普通话用法相同，三地话都说。例如：

a. 咱们按亩算，不按天数算。

b. 一个人按两本子算。

c. 你们家按两个人收钱。

d. 鸡蛋按斤买。

e. 按大碎放。

f. 你按乜说下的闹 [lɔ44]。

g. 你按原样子再给做 [tsu44] 一个。

（9）照："依照"义，三地话都说。例如：

a. 照住宙个_{这个}样子做。（西吉话）

b. 照老师说下的做。

c. 照住民歌编下的。

d. 照你兀儿那样说去，人都不敢出门咧。（泾源话）

（10）拿：引进所凭借的事物，三地话都说。例如：

a. 拿尺子等一下。

b. 拿鸡蛋碰石头。

c. 不咧拿手挖逗咧。

可以与"（来）说"搭配使用，表明说话的视角。例如：

d. 拿我说，致不是个啥事。

e. 就拿膏我们屋里来说，宙点钱不算啥。（西吉话）

f. 拿我致一辈人来说，值儿现在的娃们抹把福享咧。（泾源回民话）

（11）用：引进所凭借的工具，三地话都说。例如：

a. 用致个镰割。

b. 用大碗吃。

c. 用手拔撒，蒙戻。

三、表示施受、关涉、比较的对象、范围

（1）把：引进受事等，与普通话用法相同，三地话都说，例如：

a. 我把车子撂丢咧。

b. 他把手机踩烂咧。

c. 格我把手机踩完捧坏唠。（西吉话）

（2）抹：意义及用法同"把"，泾源回民话。例如：

a. 他抹个手机踩烂咧。

b. 他抹屋里给我趸乱搞得不像个啥咧。

（3）叫：用于引进动作的施事，同普通话"被"，三地话都说。例如：

a. 手机叫老师收去咧。

b. 手机叫乜跶完唠。（西吉话）

c. 兀是叫雨拍唠。（西吉话）

d. 胡麻叫冷子_{冰雹}打劲大咧。

与"看"等搭配使用，表示主观的看法，相当于"依"或"照"，和普通话"让"的意义及用法相同，三地话都说。例如：

叫我看，这事窝也_好着呢。

还有引进指使对象等用法，这时候不表示被动，义同"让"。例如：

乜叫你当队长呢。

（4）着：表被动等，与"叫"意义及用法相同，原州话，泾源汉民话。例如：

a. 手机着他跶烂咧。

b. 肉着狗吃咧。

c. 胡麻着冷子打咧。

也可以表示"让"义。例如：

d. 着我看，这事窝也_好着呢。

e. 乜着你当队长呢。

（5）接：表被动，同"叫"，原州话。例如：

a. 麦子接冷子打咧。

也可以表示"让"义。例如：

b. 接我说，你致个事情闹得奏不对。

（6）对：引进某种对象，三地话都说。例如：

a. 那对老人可好着呢。

b. 对致号人奏要致么弄呢。

c. 庄里人对宙个事情意见大腾。（西吉话）

（7）抹／把：引进某种对象，相当于"对"，西吉话。例如：

a. 乜抹你好着吗？

b. 媳妇子把你咋么个？

（8）连：引进动作的对象，意思相当于"同"或"向"，三地话都说。例如：

a. 我连你商量个事。

b. 你连你二达_{二爸}说去。

c. 山高里连山底下不一样。

d. 格_我有个事情想连你说一下。（西吉话）

e. 兀个碎厮连他哥一样拐_坏。

f. 连他舅贩驴去咧。

g. 这事连他没拉扯_{没关系}。（泾源话）

也可以表示包括或强调，与普通话用法相同。例如：

h. 连我算上三个人。

i. 连根根儿拔咧。

j. 你咋连我都认不得咧？

（9）干：与"连"同义，泾源回民话。例如：

a. 干他舅贩驴去咧。

b. 致事干他没拉扯。

c. 有事咧干你大爸多商量。

（10）丫：与"连"同义，西吉话。例如：

a. 柜柜丫我一样高。（西吉话）

b. 你丫格_我说啥着唻，又不是格_我给你闹 [lɔ44] 完_{弄坏}的。（西吉话）

（11）阿：与"连"同义，西吉话。例如：

你阿谁去唻？

（12）比：引进比较对象或事物，三地话都说。例如：

a. 乜比我争_{厉害}。

b. 麦子比起年时咧奈奏好得很。

c. 值儿 [tʂər24] _{现在}的光阴比奈会儿好多咧。（泾源回民话）

d. 致会的光阴比外时候好多咧。

（13）赶：与"比"同义，三地话都说。例如：

a. 你赶我跑得快。

b. 乜赶你有钱。

（14）干："向"义，引进动作对象等，泾源回民话。例如：

我要干你学习哩。

（15）丫："向"义，引进动作对象等，西吉话。例如：

a. 格_我丫乜借唠五百块钱。

b. 格_我要丫你学习唻。

（16）给：引进动作、行为对象或受害者等，三地话都说。例如：

a. 给你奶奶把饭端去。

b. 格_我把车子给他还嘞。

c. 国家给老农民办咧好事咧。

d. 把家里给我带共胡拨_{乱搞}得不像个啥咧。

（17）尽：表示让某人或事物尽量优先，或者表示某个范围，"尽"

后常带"着""住"等，与普通话用法相同，三地话都说。例如：

a. 先尽老人吃。

b. 先尽着老人用。

c. 先尽着你拿，剩下的是我的。

d. 尽住宙三天闹 [lɔ44] 宙个事。（西吉话）

（18）除：表示引进的人或事物不在计算范围内，常带"咧""过"等，与普通话用法相同，三地话都说。例如：

a. 除咧一个人请假，再的都来咧。

b. 奈个娃娃除咧他达_爸，再谁都没医治_{没办法}。

c. 兀个路除咧老支书谁都晓不得。

d. 除咧牛肉，我再啥肉都不吃。

e. 除过你还有八个人呢。

四、表示目的

为：表示目的，引出引发动作、行为的人或事物，后常加"咧 / 唠"，同普通话用法，三地话都说。例如：

a. 我是为地埂子的事来的。

b. 为咧女子的事他把鞋底子都跑烂咧。

c. 为唠大儿子的事情，兀_那把罪受唠。（西吉话）

d. 为咧这娃的工作我没少跑路。（泾源话）

第二节 连词

汉语是重意合的语言，词语或分句之间不一定要用语言形式手段来连接，句中的语法意义和逻辑关系可以通过词语或分句的含义来表达。[①]宁南方言仅在口语中传承发展，意合连接表现得尤其明显，连词数量相对普通话来说，要少得多。

能够起关联作用的既有专门的连词，也有副词等其他类词或短语。事实上，在宁南方言中，很多语义关系可以通过连词以外的其他类词来表示。为了能够比较全面地反映宁南方言关联成分的全貌，本节所说的连词，包括能起关联作用的各种词性的词或短语。准确地说，应该称为关联词。

一、连接词或短语的连词

（1）连：音 [liæ21]，弱读时音 [liɛ21]，主要用以连接词或短语，三地话都说。例如：

a. 掌_{发语词}而个_{现在}油连米都买着吃着呢。（原州话）

b. 去的连不去的，都要出钱呢。

c. 黑娃连格_我都是静宁人。（西吉话）

d. 我连你一达里走。

e. 化肥连农药都拉来咧。

f. 脚连手都冻烂咧。

---

① 连淑能：《英汉对比研究》，北京：高等教育出版社，1993，第48页。

（2）西吉话还说"览 [læ21]"，用法同"连"。例如：

胳膊览大腿都淌血着味。

（3）泾源话还说"干 [kæ31]"，用法同"连"。例如：

a. 油干米值儿_{现在}都买地吃着哩。

b. 我干你一达走。

（4）西吉话还可用"丫 [Øia21]"来连接词或短语。例如：

格丫你一达走味。

（5）吗：可用来连接谓词性词语和它的否定式，表示选择，三地话都说。例如：

a. 管你去吗不去，钱兀都要交呢。

b. 走吗不走？不走我走咧。

c. 你睡吗不睡？不睡我糙_{生气}咧。

d. 我看致个娃娃乖吗不乖。

（6）旋……旋……：连接两个同时进行的动作，三地话都说。例如：

a. 麦子要旋黄旋割呢。

b. 旋走旋看，再不咧想那么多咧。

c. 时间致么紧张，人家还给咱们旋看书旋耍手机着呢。

连接词或短语的连词很少，且基本上都是表示并列关系或选择关系。

二、连接分句或句子的连词

这部分连词数量较多，可从表达的语义关系角度分类描写如下。

（一）表达联合关系

1. 并列关系

（1）亚 [øia53]：本为副词，"也"义，可起关联作用，三地话都说。例如：

a. 奈是个老实人，亚是个灵人。

b. 我情愿走上去，亚不坐他的车。

泾源汉民话说"阿 [øa53]"，同"亚"。例如：

c. 外人能吃得很，阿能做_{干活}得很。

（2）一阵……一阵……：对举连接两个并列关系的分句，三地话都说。例如：

一阵叫我做致去，一阵叫我做奈去，一天都把我指拨圆咧。

（3）旋……旋……：连接两个具有并列关系的分句，三地话都说。例如：

你旋弄啥着，旋把羊瞭识_看着噢！

2. 顺承关系

（1）先……再……：表示顺承关系，三地话都说。例如：

先吃些馍馍，再喝茶。

（2）先……后头……：表示先后时间关系，三地话都说。例如：

我先走咧一回街上，后头还在你二舅家浪咧一阵。

3. 递进关系

（1）还：表示情况更甚的递进关系，三地话都说。例如：

粮没打上，还把口袋尔 [øər53]_丢咧。

（2）再说：表示情况更推进一层的递进关系，三地话都说。例如：

a. 西安兀么大，再说你还晓不得电话，你咋么能寻着乜呢？

b. 手机都意 [Øi44]_丢咧半天咧，再说兀达人兀么杂，早都叫人拿去咧。
（泾源回民话）

c. 家里情况囊么_{那么}好，再说你还有工作呢，还害怕给寻不下媳妇吗？
（泾源汉民话）

（3）（再）搭上：表示在原有基础上情况更增加或推进了一层，"再"有时候可以省略，原州话。例如：

你达_爸是个犟人，（再）搭上截个_{今天}把牛撂_丢咧，咋不着气_{生气}呢撒。

西吉话、泾源话一般说"（再）加上"。例如：

a. 兀个娃娃，一来人聪明，二来弄啥事情认真，（再）加上乜遇唠个好师傅，兀臧_{现在}技术好得很。（西吉话）

b. 致个娃娃□ [n̠ia53]_{人家}聪明，再加上遇的老师阿好，□ [n̠ia53] 最后考咧个北大。（泾源话）

c. 今年菜本来奏贵，再加上快过年恰，贵得都买不起咧。（泾源话）

（4）（还）不咧说："还不要说"的意思，用于否定句，表示比前述情况更甚，"还"可以省略，三地话都说。例如：

a. 我妹妹胆小得很，连自行车都不会骑，还不咧说开车咧。

泾源话一般说"（还）嫑说"。例如：

b. 兀么重的活，男人奏_做都着不住_{受不了}，还嫑说女人咧。

（5）奏连："就"在宁南方言中有几种发音，固原、西吉、泾源都有人发"奏"音，西吉话也有人发"就"或"旧" [tɕhiəu44] 音，泾源回民话一般说"凑"。"奏连"即普通话"就连"，表递进关系，三地话都说。例如：

今年社火好看得很，奏连回民都跑来看来咧。

（6）不咧说……（奏）连……：前句提出否定项，后句对比性地提出说话人认为更值得强调的否定项，"奏"有时可以省略，三地话都说。例如：

a. 榴莲不咧说你没吃过，奏连我都没吃过。

b. 榴莲不咧说吃咧，奏连见都没见过。

c. 不咧说进去咧，连看都不叫看。

（7）（刚）不是……还要……：前句否定一种情况，后句提出要达到的更进一层的情况，"刚"可以省略，西吉话、泾源话也说"光"。例如：

a. 刚不是考上就能行，还要考个好学校呢。

b. 光不是叫你吃来咧，你还要说两句呢。

（8）除咧/过……还有……：前句提出一个范围，后句提出范围之外的事项，"还"表明说话人认为前后有递进关系，三地话都说。例如：

德仓家里除咧三个半挂，还有两个铲车呢。

（9）不刚/光……还……："不仅……还……"的意思，表达递进关系，三地话都说，原州话一般说"不刚……还……"，西吉话、泾源话一般说"不光……还……"。例如：

a. 兀个女子不光长得心疼，人还□[tʂua13]机灵得很。

b. 值儿现在的光阴好咧，咱底咱们不光要吃好，还要穿好。（泾源话）

"还"也可以用"亚"替换，"亚"即"也"，泾源汉民话说"阿"。例如：

c. 兀个媳妇子不光聪明，人阿长得攒劲。

4. 选择关系

（1）还是："还是"前后项为选择关系，可以用于短语之间，也可以用于分句之间，三地话都说。例如：

a. 不管买还是不买，你先尝 [sɑŋ24] 一下。

b. 看是你去呢，还是你哥去呢，反正你舅家今年要认去呢。

c. 你走西安还是银川接车恰？

d. 明儿个看戏去呢，还是打牌去呢？（原州话）

e. 你早起早晨去呢，还是后晌下午去呢？（原州话）

f. 坐班车还是坐火车唻，你各人看去么。（西吉话）

h. 你是早上走唻，还是饭罢走唻？（西吉话）

i. 你坐班车哩还是坐火车哩，你自己看去。（泾源回民话）

（2）吗是：提出一种建议供说话人选择，三地话都说。例如：

a. 而个现在奏走呢吗？吗是一阵咧着？（原州话）

b. 你不想出去转去，吗是曹回老家转卡？（西吉话）

（3）要么 [mu21]……要么 [mu21]：提出两种以上方案供对话人选择，三地话都说。例如：

a. 要么走，要么不走，你筒子放利个干脆一些！（原州话）

b. 要么你去，要么老三去，反正要去一个人呢。

（4）（还）不如：表示本句提出的选项更优，蕴含着选择关系，三地话都说，"还"可以省略。例如：

a. 种致二亩地，不如出去打工去。

b. 你有说闲话的时间，还不如去写几个字。

c. 成天窝着家里，还不如出去转着浪去。

（5）宁……都……：表达选择关系，选择"宁"所在的前一选项，三地话都说。例如：

a. 我宁挨_扛着，都不吃你的馍馍。

"都"也可以换成"亚"。例如：

b. 我宁走呢，亚不搭他车。

"宁"也可以用别的近义词替换。例如：

c. 我情愿走着去，都不坐他的车。

d. 我哪怕要地吃呢，亚不看他的下眼子。

（二）表达偏正关系

1. 因果关系

（1）那么 [na44mu21]：在前述情况的基础上，引出具有结果意义的分句，原州话。例如：

你不走外前浪去，那么咱们回老家转卡，能成吗？

（2）奈奏：远指代词"奈""外"等和副词"奏"（包括"就""旧""凑"等）组合，语义相当于普通话的"那就"，引出具有结果意义的分句，三地话都说。例如：

a. 你们都同意咧么，奈奏致么_{这么}弄撒。

b. 你硬鼓住要去呢，奈奏去。

c. □ [ȵia53]_{人家}都不能成，奈奏算咧。（泾源回民话）

d. 你们都商量好咧，外奏按你们说的弄。（泾源汉民话）

（3）不咧："不然"的意思，前句说原因，"不咧"所在的后句以反问的形式提出结果，三地话都说。例如：

我们两个一达里坐下_{共过事}的，不咧咋致么对劲撒。

2. 转折关系

（1）可：义同普通话"却"，表示转折关系，三地话都说。例如：

a. 看去致个娃娃个子碎，劲可大得很。

b. 达_爸截儿_{今天}乏得很，心里可高兴着呢。

c. 致个车太贵咧，买不起；兀个车可太烂臧_{破烂}咧，看不上。

d. 今儿打算要回去哩，□ [n̩ia53]_{人家}可碰上咧个连手，奏不回去咧。
（泾源话）

e. 你甭看外腿短，可跑得欢得很。（泾源话）

f. 婆娘嘴上爱骂我，心里可对我好着呢。（泾源话）

（2）还："仍旧"义，用在复句的后一分句中，蕴含着转折关系，三地话都说，原州话、泾源汉民话音 [xa24/35]，西吉话、泾源回民话音 [xæ24/35]。例如：

a. 我截儿_{今天}乏得很，没办法还得做活去。（原州话）

b. 银川热得穿汗衫着哩，咱底泾源冻得还穿棉袄着哩。（泾源回民话）

c. 长得好看肯定好，外人还要有本事呢。（泾源汉民话）

（3）奏是：即普通话"就是"，表示一种修正转折，三地话都说。例如：

a. 致么弄，好是好，奏是太暮囊_{麻烦}咧。

b. 格_我看你面熟得很，就是一下想不起 [tɕhiε53] 来是谁。（西吉话）

c. 娃是个好娃，奏是懒得很。（泾源回民话）

（4）刚是：与"奏是"意义及用法相同，原州话、西吉话说。例如：
致个人面熟熟的，刚是想不起 [tɕhiε53] 来是个谁。

（5）奏是……还是……：前一句承认某一事实，后一句表达转折性的意义。三地话都说。例如：

奏是乜现在不当县长咧，兀说话还是管用呢。

（6）奏是……亚……：前一句做出让步性的假设，后一句话以此为基础提出具有转折意义的说法或观点，三地话都说。例如：

a. 他奏是有意见，也不在乍乍_{这儿}说。（原州话）

b. 雨截儿_{今天}奏是下 [ɕia44] 下 [xa21] 咧，亚不得大。

c. 就是县长在致达，格_我亚要说宙_这个事情哢。（西吉话）

d. 就是我达_爸不能成，我亚要致么闹呢。

也说"奏算……亚……"，同义句式。例如：

e. 奏算他是天王老子，我亚要连他讲个理呢。

（7）奏打上……亚……："就算……也……"的意思，表达的是让步转折的语义关系，三地话都说。例如：

奏打上你有理呢，你亚不能致么打娃娃么。

（8）哪怕……亚……：与"奏是……亚……"同义，表达让步转折关系，三地话都说。例如；

哪怕他奏是个啥，我亚不热眼_{羡慕}。

3. 条件关系

（1）不管："不管"引出多种条件或情况，后一分句提出的结果不变，蕴含着任意条件关系。三地话都说，例如：

a. 不管买还是不买，你先尝 [ʂɑŋ24] 一下。

b. 不管天阴下雨，有福他达_爸天天在庄口里下棋着哩。（泾源回民话）

（2）不管……都……：后一分句有范围副词"都"与前一分句的"不管"呼应，表达任意条件语义关系，三地话都说。例如：

a. 不管谁给说，奈都听不进去。

b. 不管是谁，都不唠_{不要}进来。（西吉话）

c. 兀不管多忙，都要回去把老人看卡呢。

（3）不论……都……：表达任意条件语义关系，与普通话用法相同，原州话。例如：

不论啥事，都乜说咧算着呢。

（4）信……都……："信"是"无论""不管"义，全句表达任意条件语义关系，多用于紧缩句之中，三地话都说。例如：

a. 信是谁，都不能从乍_{这儿}走。

b. 我饿得很，信啥吃的都能成。

c. 信啥事都寻他姑舅爸着呢。

（5）只要……奏……：即普通话"只要……就……"，意义及用法相同，表达充足条件关系，三地话都说。例如：

只要一闲，兀奏抹牌去咧。

"奏"有时候也可不用，表达的语义关系不变。例如：

只要你下功夫，事情肯定能弄成呢。

（6）一……奏……：即普通话"一……就……"，表达充足条件关系，用法相同，常用于紧缩句中，三地话都说。例如：

a. 一看书奏瞌睡。

b. 天气一变，格_我宙_{这个}腿就疼开唠。（西吉话）

c. 致个花不敢见热头_{太阳}，热头一晒奏没事_{不行}咧。

（7）只有……才……：与普通话用法相同，表达必要条件关系，三地话都说。例如：

a.只有把铁路通上，咱们乍_{这儿}的炭才能卖出去。

b.只有他达_爸把致个娃娃才有医治呢。

c.只有把驾照拿着手里，才敢开车呢。

4.假设关系

（1）但："如果"义，表示假设，原州话、西吉话、泾源汉民话都说。例如：

a.你但想去咧奏去。

b.你但来奏早些来。

c.你但手头紧，奏先不要车咧。

d.你但同意，咱们而个_{现在}奏走。

e.明儿但天气好，咱们走城里耍走。（原州话）

f.今年但能挣下钱，我奏给儿子拴_娶媳妇呢。

g.他媳妇但不同意，他娃娃打死都不敢致么弄。

h.你但不管，膏_{我们}亚就不管咧。（西吉话）

i.你但能成，曹就走。（西吉话）

j.你但手头紧咧，奏先蔓还咧。（泾源话）

（2）要（是）……奏……：即普通话"要是……就……"格式，"是"经常省略，三地话都说。例如：

a.他要是不来，咱们奏寻他走。

b.你要来奏早些来。

c.你要来奏来早嘠。（泾源汉民话）

d.要去奏刻里马擦的。

（3）知个："真的"义，副词，可以用在复句的前一分句中，表示

117

"如果真的"义,有时会有助词"的话"与其配合使用,蕴含了假设关系,原州话、西吉话。例如:

a. 知个致么弄的话,奈我亚奏不干咧。

泾源话说"真个"。例如:

b. 真个给致么几个钱,外我阿不弄咧。

(4)没咧:"要不"义,表示假设关系,原州话、泾源话。例如:

a. 赶紧给家里打电话,没咧奏来不及咧。

b. 你不想走平凉去咧,没咧咱们走固原走?

c. □ [n̠ia53]人家外人奏做活泼实,头脑还好,没咧光阴咋奈么好。(泾源回民话)

(5)不咧:与"没咧"同义,表示假设关系,三地话都说。例如:

a. 你给我悄悄着,不咧看把打挨上咧着。(原州话)

b. 不懂电亹在电上胡反栾 [luæ21]搞鼓,不咧看把活着 [tʂʂ24] 上咧着。(泾源汉民话)

西吉部分乡镇话说"不唠",同"不咧"。例如:

c. 走时把车子骑上,不唠黑唠不得回来。

泾源回民话也说"不致也"或"不兀儿",即"不这样"或"不那样",意义及用法同"不咧"。例如:

d. 你要好好打工挣钱哩,不致也拿啥娶媳妇哩。

e. 抹把致个女子订下算咧,不兀儿看叫□ [n̠ia53]人家二家子说去咧着。

(6)不是:"不然"义,表示如果不按上一分句说的做,就会发生"不然"所在后一分句的结果,表假设关系,三地话都说。例如:

a. 连快跑,不是撵不上车咧。(原州话)

b. 兀是老师没在，不是他娃敢致么转噢！

（7）不是……还……：如果不是上一分句那种情况，就不会有下一分句的结果发生，假设关系，三地话都说。例如：

不是他□[tṣhər53]_{岳父}给他撑腰，他还能弄起□[vən44]_{那样}大的摊场？（泾源回民话）

（8）……的话：本为助词，用在句子中可表假设关系，三地话都说。例如：

a. 不听话的话，我奏不爱咧。

b. 想吃肉的话，你就给格_我打电话。

c. 天气好的话，我肯定来呢。

（9）咧：动词性成分重复时"咧"插入中间，表示假设，三地话都说。例如：

a. 你去咧去，反正我不去。（你去的话就去，反正我不去）

b. 耍开咧耍去撒，放假着呢么。（想玩就玩去吧，不是放假了吗）

这种用法里的"咧"也可以表示一种容忍或者无所谓的语气。例如：

c. 不吃咧不吃去，不咧管咧。（不吃就不吃吧，不要管了）

（10）去：用在动词或形容词后可表示假设，也可以理解为一种话题标记，三地话都说。例如：

a. 走去不得成，不走去亚不得成。

b. 贵去亚不贵。

c. 用去不爱用，撇去舍不得。

5. 目的关系

（1）省得：意义及用法同普通话，用在后一分句，表示避免发生某种情况，三地话都说。例如：

赶紧想方子把钱给还咧去，省得天天臊打_{使羞烦}你。

（2）省下：意义及用法同"省得"，三地话都说。例如：

娃娃你想引咧奏引去，省下我操心。

6.解说关系

（1）说来说去：对前面说的话进行提炼总结，三地话都说。例如：

说来说去，都是钱把人害咧。

（2）一句话：对前面说的话进行总结，是一种比较新派的说法，三地话都说。例如：

我截个_{今天}说咧致么多，一句话，你们两个好好过去。（原州话）

（3）反正：表示前面说的都是为了后面这一个结果，三地话都说，例如：

没咧_{要么}你去，没咧_{要么}我去，反正得去一个人。

三、篇章连接成分"臧"

宁南方言中也有一些篇章连接成分，最典型、最有西北方言特色的就是西吉话中的"臧"。"臧"不仅在西吉话中常说，在临近的隆德话和甘肃的静宁话、庄浪话里也常说。在其他地方，"臧"以另外的语音形式存在，例如原州话中说"掌"[tʂaŋ53]，甘肃会宁话中说"攒"[tsan53]，青海话里有"早"[tsɔ53]。根据初步调查，在西北方言区，这个词是普通存在的。

下面以西吉话中的"臧"为例，来分析这个词的语法功能。

（一）用作时间名词

（1）臧曹_{咱们}走。

（2）天臧热唠。

（3）

甲：今 [tɕiə13] 儿个把致_这些衣服送到新房子去 [tɕi44]。

乙：能行，啥时候去唻？

甲：我想一下 [xa21]。要么 [mu21] 臧就走？

乙：臧？我还没有收拾好唻。

仅看上述几例，句中的"臧"处于状语位置，词义可以理解为"现在"，也可以理解为"马上"或其他，"臧"的词性有可能是时间名词，也有可能是时间副词。不过，如果多观察一些语例就会发现，"臧"在表示时间时其意义和功能是可以确定的。又如：

（4）

甲：没放羊去吗？

乙：没有么，臧在哪哒放去唻，门里 [ȵi21] 不敢出去么。

甲：臧还有几个羊唠？

乙：卖着留唠七八个，臧可有十六七个唻。

（5）

甲：姐姐，你臧做 [tsu44] 啥着唻？

乙：这一阵儿还闲着唻，过一阵子要开会唠。

（6）屋里_{老家}的天气臧咋么个_{怎么样}？银川臧可加_{已经}热很唠！

结合上下文来看，例（1）—（6）中的"臧"，意义相当于普通话的"现在"，位置可以在主语之前，也可以在主语之后，但一般都在谓语动词之间，它可以独立回答问题，主要用以表示某个时刻或时段，而不是紧扣谓词对其进行积极限制或修饰，符合时间名词的特征。①

（7）臧的这啥东西都不能相信，那闹下假的多着唻。

（8）臧的社会好得很么，人吃致唻，喝兀唻的，兀时节人连 [liə21] 个肚子都吃不饱！

（9）到臧还没有吃，饿得很！

"臧"在例（7）和（8）中作定语修饰名词性成分，在例（9）中作介词"到"的宾语，显然属于时间名词的用法。

（10）

甲：你今年把玉麦多种些子么？

乙：只有三亩玉麦么，再想多种没地么。

甲：买去这玉麦秆便宜着唻么臧？

乙：便宜着唻是，寻起没有的么。

例（10）"臧"为时间名词作状语，因为语用原因而后置。

总之，综合考虑"臧"在表示时间时的各种用法，结合上下文分析其表达的意义，可以确定，"臧"是时间名词，词义为"现在"。

（二）用作篇章连接成分

除了作为时间名词指称时间的功能以外，"臧"更多体现的是某种连接功能。这类"臧"程度不同地丧失了表示时间的实际意义，其主要的作用是连接几个小句或者独立的句子，甚至是更大的语言片段。

严格地说，连接小句不属于篇章功能。不过，考虑到"臧"既可以

---

① 参看冯成林《试论汉语时间名词和时间副词的划分标准》（《陕西师大学报（哲学社会科学版）》1981 年第 5 期）对时间名词和时间副词的区分。

用于小句连接，又可以用于句子或语段连接，而且其用法及表现出的逻辑语义关系相通，再加上口语中小句与独立句子之间的分界不是十分清晰明确，因此，将用于小句、句子或语段之间具有连接功能的"臧"看作篇章连接成分，也有一定的合理和便利之处。①

廖秋忠（1986）将篇章连接成分分为时间关系连接成分和逻辑关系连接成分两类。"臧"的连接功能同样体现在这样两个方面。

1. 时间关系连接成分

（11）我说罢唠，臧你说。

（12）你不早说，臧没有唠。

（13）

甲：你肾结石好唠吗着？

乙：上一次做了说有结石唻，这一次做唠，臧就剩下结晶体，说明好多唠。

上述几例中的"臧"，从意义上来说，可以理解为"现在"，不过其在句子中的功能，除了表示时间以外，还蕴含着这个时间与前面某个时间之间的先后顺序关系。例（11）"臧你说"就是"现在轮到你说了"，"臧"所连接的"我说"和"你说"之间的先后顺序关系很明显。例（12）中"臧"和"早"相对而言，例（13）中"臧"和"上一次"的时间相对来说，其所蕴含的时间先后关系也十分清晰。这几例中的"臧"都可以用具有表示时间顺序关系的"这下"来替换。②

---

① 参看李宗江《"现在"：由时间标记到话语标记》（《浙江外国语学院学报》2014年第4期）。

② 参看李宗江《"这下"的篇章功能》（《世界汉语教学》2007年第4期）。

从表示时间的名词，到具有显示时间关系功能的篇章连接成分，这是"臧"词义虚化及语法功能变化的第一步。变化动因主要有两个方面。一方面，时间名词本身往往处在一个时间序列中，例如"臧"处于"兀时节（过去）—臧（现在）—以后（将来）"这一常用时间序列之中。所以时间名词在配合使用的时候，或者在特定的语境下，很自然地可以显示出时间先后关系。另一方面，在口语中，由于作主语的人称代词等成分往往省略，这就使得时间状语位置上的名词"臧"经常性地居于小句开头，同时也就处在了本句和上一句之间衔接的位置，这正好是篇章连接成分通常所处的位置，这就为"臧"向篇章连接成分演化提供了便利条件。

变为时间关系连接成分只是"臧"虚化的第一步，因此其原有的词义及时间状语性质都还有一定程度的保留。"臧"进一步虚化，就出现了充当逻辑关系连接成分的用法。

2. 逻辑关系连接成分

事情随着时间发生变化，事情之间的关系即逻辑关系，与时间先后关系具有内在的关联。这样，"臧"逐渐由表示时间先后关系演化出表示逻辑关系的用法。

（14）曹都多少年没见唠，臧啥时间聚一下咪么！

（15）

甲：爸爸，我拿上驾照唠！

乙：臧赶紧存钱买车，我跟前没钱，再不唠想噢。

（16）

甲：今儿真的乏累成狗唠，星期五上唠一天课，星期六跑着回去种唠一天洋芋。

乙：臧赶紧好好缓卡子_{休息一下}，把你辛苦零干_{辛苦坏}唠。

例（14）—（16），"臧"连接的前后语义之间，都具有某种因果关系：因为多少年没见了，所以应该找时间聚一下；因为拿上驾照了，所以应该赶紧存钱买车；因为前两天太劳累了，所以应该好好休息一下。这些因果关系由上下两部分构成，"臧"处在下一部分的开头，引出表示结果意义的句段。"臧"在其中主要表达的不是时间意义，而是上承下接，通连上下之间的因果关系。正因为如此，这几例中的"臧"都可以用具有逻辑连接功能的"这下"或"这"来替换。①

（17）

甲：你把瓦给寻 [ɕiŋ13] 下唠吗没有么？

乙：我还没寻去眛。

甲：臧你等着冬里唠才寻眛昂？

乙：唉，兀不是三天吗五天能治好的么，致几天乜_{人家}阑尾疼着眛，睡着眛。

同样是连接具有因果关系的两部分，与上几例有所不同的是，"臧"在例（17）中引进的是具有原因意义的小句，不过这里的原因不是客观存在的，只是说话人的一种推测：你还没去寻，是想等到冬天才去寻吗？

---

① 李宗江《"这下"的篇章功能》（《世界汉语教学》2007 年第 4 期）指出，"这下"具有承上启下的逻辑连接功能，可以引出表示结果意义的句段。根据张俊阁《明清山东方言指示代词"这""那"与"这么""那么"及其连词化》（《鲁东大学学报（哲学社会科学版）》2011 年第 2 期），"这"在明清时期山东方言里具有承上启下的连接功能，可以引进表示结果、判断的句段。从我们的调查来看，"这下""这"在宁夏隆德及其周边方言中也有同样的篇章连接功能。

说话人以反问的形式提出这种推测，其实是表达对对方的不满。"臧"在这里的语义大致相当于"这是"，"这"承接的是上文，"是"表达一种推测，引出的是下文。

（18）

甲：昨儿晚上九点多塔城兀达开始下开，风吹着下着唻么，投到亮（等到亮）致达（这里）各加（已经）下得差不多唠。

乙：兀臧风吆（赶）上也快得很云彩。

（19）老师家长双方面要督促唻，不是你说是，刚由着娃娃性子，兀臧看耍去，天天耍去么看好。

例（18）"臧"所引出的话，也就是乙说的话，实际上是乙自己对甲说的话的解读：因为有风的驱赶，所以云彩跑得很快，所以"投到亮致达各加下得差不多咧"。因此，"臧"引出的小句具有释因的意义，与上文甲说的话有一定的因果关联。例（19）"臧"所连接的是有假设关系的两部分：如果刚由着娃娃性子，那天天耍去才好呢。"臧"承上启下，引出基于假设而产生的结果。"兀"在西吉方言中本为远指代词，相当于普通话的"那"，具有逻辑连接功能①，这两例中"兀"与"臧"并用，篇章连接功能更加凸显。

（20）

甲：你家下雨着呢下雪着呢，致达儿上前儿的奈一天，总有八九级的奈冷风么，一个吃（一下子）刮完（坏）唠，刮得黄风土雾的，到晴唠，各房上、院里、墙上，到处落唠一层土。

乙：你臧不唠（不要急），明后儿它就雨可来唠，它就给你冲着洗干净唠。

_____

① 参看吕叔湘《现代汉语八百词（增订本）》（商务印书馆1999年出版）。

（21）这几天没下雨，天气热得很！今儿臧凉唠，刮风着唻。

这两例中"臧"所连接的前后两部分虽然没有明显的因果或假设关系，不过也存在某种逻辑关联。例（20）甲说完情况以后，乙自认为甲可能有些着急，于是通过"臧"所引出的句子表达了自己的劝慰及理由。"臧"在这里强调"现在"应该怎么做，引出的是下文，可是这个"现在"又关联着上文，蕴含着上文所表达的情况。本例中的"臧"可用"这"来代替。例（21）"臧"引出的是一个期盼的结果：由于前几天很热，所以一直盼着天气凉下来，今天终于凉了。"臧"的前面是时间名词"今儿"，如果将"臧"理解为"现在"，前后意义说不通。所以这里的"臧"显然不是表示时间，而是表示逻辑关系，可用表示结果意义的"终了"或"这下"替换。

作为逻辑关系连接成分，"臧"的主要功能不是表示时间，不再是所在小句的时间状语，而是在上下两部分之间承上启下，引出表示结果、推断等意义的语句。这样的"臧"一般不能用同义时间名词如"致这一阵儿""而个现在"等来替换，而可以用表示逻辑关系的"这""这下""终了终于"等替换。

（三）用作话语标记

我们发现，有些"臧"的篇章连接功能已经相当弱化，在对话中不是用来表达真值语义关系，而是用以构架话语单位的衔接与连贯手段，是一种话语标记。[①] 例如：

（22）

甲：要个手机唻，我阿达哪里来钱呢撒？

---

① 参看方梅《自然口语中弱化连词的话语标记功能》（《中国语文》2000 年第 5 期）。

乙：就是要手机就念书唻噢？

甲：嗯。

乙：兀你你闹 [lɔ44] 弄个手机兀怕一天就刚耍唠么？

甲：奈那还是耍手机走唠么。

乙：哦。臧其实看娃娃心里咋想着唻么。

在本例中，前面都是在谈论买手机的事，到"臧"这一句，说话人重新发起了一个话题，将对话引向谈论娃娃心里的想法。

（23）

甲：致是老碎小哦？

乙：哦。

甲：哦。

乙：四个娃娃么。

甲：四个娃娃哦？

乙：嗯。

甲：嗯。臧，主要是你做活着唻吗看来是？

乙：奏是。

本例中，前面是围绕着家里几个孩子在对话，"臧"重新挑起一个话头，引出了说话人对谁在家里做活的推测。例中"臧"后有明显停顿，表明说话人在创设新话题的时候，刚开始并没有想好，有一个短暂的思考过程。

（24）

甲：检查回来唠，有点贫血，其他的都正常。

乙：几个月唠？

甲：七个月唠。吃下吃得这么好，咋能贫血唻？

乙：臧专门挑补血的吃一段时间。

甲：一直吃着唻，还是补不上。

在本例中，"臧"之前甲说的是对为什么贫血的不解，乙并没有顺着甲的话来说，而是给甲提了一个建议，让挑补血的东西吃一段时间。

（25）

甲：医生说着先缓着，不要一直坐唠，看能慢慢长好吗。实在不行，还得治疗。

乙：哦，晓得唠。兀臧你忙去，我挂唠昂。

本例中"兀臧"连用引出一个新话题，表达了说话人结束谈话的用意。"兀"在西吉方言中与普通话中的"那"一样，也有开启话题的标语标记功能。[1]"兀""臧"连用，引发新话题的意图更加凸显。

在以上 4 例中，"臧"不是表示"现在"的时间，不能用"致这一阵儿""而个现在"等同义词替换，因此不是所在句子的时间状语。同时，"臧"所衔接、连贯的前后话语之间，并没有时间顺序关系或直接的逻辑语义关联，因此也不应看作篇章连接成分。实际上，这样的"臧"只有篇章连接成分的形式，而没有逻辑语义关联的实质，它的真正作用是作为话语标记，引发一个新的话题。说话人为了顺应语篇自然过渡的要求，达到有逻辑地构建语篇的目的，[2]需要一定的衔接、连贯标记。而选择具有逻辑连接功能的成分作这种标记，显然是容易让交际双方接受的形式，因为从逻辑连接功能到引发一个新话题的话语标记，这个发展

---

① 参看许家金《汉语自然会话中话语标记"那（个）"的功能分析》（《语言科学》2008 年第 1 期）。

② 参看于国栋、吴亚欣《话语标记语的顺应性解释》（《解放军外国语学院学报》2003 年第 1 期）。

演化过程有语义功能方面的基础。逻辑连接功能概言之就是承上启下，其中启下部分往往是表示结果的部分，而引发新话题就是一种启下，无论多么新的话题，从最宽泛的意义上说，何尝不是一种结果，是特定语境促动下的一种结果。

第三节　助词

助词是附着在其他词或短语上面，表示一定语法意义的词。本节介绍宁南方言中常用的助词。

一、结构助词

定语标记"的"、状语标记"地"和补语标记"得"在普通话中都读轻声 [tə0]，三者发音完全相同。在宁南方言中，情况稍有不同。

（一）三地话比较

1.原州话

在原州话中，三个结构助词的发音也完全相同，本文还是分别写作"的""地""得"，例证如下。

（1）的 [ti21]

a.达_爸的衣裳

b.城里的房

c.长得乖很的奈个女子

d.穿红汗衫的奈个娃娃

e.买下的缸子_{杯子}

（2）地 [ti21]

a. 悄悄地蹴 [tɕiəu44]_坐着呢

b. 咕嘟咕嘟地往出冒水着呢

c. 迷迷昏昏地睡着 [tʂuɤ24] 咧

d. 头都不回地走咧

e. 慢慢地奏习惯咧

（3）得 [ti21]

a. 脸白得连个蛋皮皮，头发光得连个燕叽叽

b. 愁得在兀担_{那儿}见_{斜躺}着呢

c. 茶饭好得很

d. 乏得劲大咧

e. 急得人跳奔子呢

f. 忙得不行咧

g. 恨得人咬牙呢

h. 疼得要命呢

i. 看得清楚很

j. 说得不清楚

k. 追得我汗淌呢

l. 把人说得伤脸的

m. 洗得干干净净的

2. 西吉话

在西吉话中，部分乡镇话定语标记、状语标记和补语标记发音相同，部分乡镇话补语标记与定、状标记发音不同。

（1）的 [ti21]

a. 格_我的地方_{房子}在城里呢

b. 五块钱的烟

c. 新接下的车

d. 借下的车子

（2）地 [ti21]

a. 霍霍_{轻轻}地逗了一下

b. 冷奔子地做活着哝

c. 簌地一下跑唠

d. 鬼楚楚地转着哝

e. 欻啦啦地下唠一天

（3）得 [ti21] 或 [tei21]

西吉县城所在地吉强镇以及附近的硝河乡、蒋台堡镇等地，发音为
[ti21]，西吉县西部一些乡镇如马建、震湖等地，补语标记"得"发音为
[tei21]。例如：

a. 好得 [ti21]/[tei21] 很

b. 疼得 [ti21]/[tei21] 冒汗呢

c. 疼得 [ti21]/[tei21] 呻唤呢

d. 急得 [ti21]/[tei21] 跺脚哝

e. 忙得 [ti21]/[tei21] 了不得

f. 你睡得 [ti21]/[tei21] 好着吗

g. 饭做得 [ti21]/[tei21] 不香

h. 洗得 [ti21]/[tei21] 净净 [tɕhiŋ44tɕhiŋ44] 的

3. 泾源话

泾源话结构助词的情况与西吉一致：定语标记和状语标记发音相同，一般情况下，汉民话补语标记发音与定、状标记相同，回民话补语标记与定、状标记发音不同。

（1）的 [ti21]

a. 达_爸的衣裳

b. 城里的街道

c. 一块钱的花花_{一种纸牌游戏}

d. 刚来的奈个人

e. 致么秀溜_{秀丽}的女子

（2）地 [ti21]

a. 安安宁宁地坐上

b. 乏不塌塌地站着呢

c. 耍打溜势地做着呢

d. 迷迷糊糊地睡着咧

e. 脸唰地一下红咧

f. 玉麦叶子刷啦啦地响着呢

（3）得 [ti21] 或 [tei21]

a. 好得 [ti21]/[tei21] 很

b. 站得 [ti21]/[tei21] 不端

c. 脸红得 [ti21]/[tei21] 像下蛋恰_{表示将来时态的语气词}

d. 洗得 [ti21]/[tei21] 满地都是水

e. 恨得 [ti21]/[tei21] 要命呢

f. 疼得 [ti21]/[tei21] 颤呢 / 哩

（二）宁南方言与普通话比较

总体来说，宁南方言结构助词使用范围和频率都要低于普通话，在普通话用结构助词的相当一部分格式中，宁南方言要么不用结构助词，修饰语和中心语直接结合，要么换用别的格式。

第一，部分定中格式不用"的"。例如不能说"塑料的缸子"，只能说"塑料缸子"。

第二，普通话里有些类型的定中格式在宁南方言中不说，要换用其他形式来表达。例如一般不说"攒劲的娃娃"，而说"致个娃娃攒劲很"，不说"迟到的原因"，而要说"为啥迟到咧"，等等。普通话里有些类型的状中格式在宁南方言中不说，要换用其他形式来表达。例如形容一个人高兴的程度，中心语是形容词时，一般不用"状 + 中"格式，而用"中（ + 得） + 补"格式，例如"高兴（得）没事咧（高兴得不行了）""高兴零干咧""高兴劲大咧"，等等。

第三，宁南方言不用"动 + 得 + 补"这类中补结构来表达可能，一般都是用"能 + 动 + 补"结构来表达。例如：

普通话	宁南方言
a. 看得清楚吗？看得清楚。	*看得清楚吗？*看得清楚。
a´. 能看清楚吗？能看清楚。	能看清楚吗？能看清楚。
b. 吃得完吗？吃得完。	*吃得完吗？*吃得完。
b´. 能吃完吗？能吃完。	能吃完吗？能吃完。
c. 拔得出来吗？拔得出来。	*拔得出来吗？*拔得出来。
c´. 能拔出来吗？能拔出来。	能拔出来吗？能拔出来。

比较特殊的是，在表达可能时，泾源回民话能用"动＋得＋补"格式来问，但不能用来回答。例如能问"吃得完吗"，但回答时不能说"吃得完"，而要说"能吃完"。

二、动态助词①②

（一）表示"进行"

宁南方言主要是用"着_{助词}呢_{语气词}"来表达"进行"体，有时也可以用助词"着"。③"着呢"和"着"的区别是，前者用于叙述句和疑问句，后者用于祈使句。例如：

a. 妈缭衣裳着呢，姐做饭着呢。

b. 我吃饭着呢，你等卡_{一下}。

c. 乜嚎_哭着呢，给啥都不吃。

d. 外前_{外面}下着呢，把伞拿上。

e. 我没吃饭，我扫地着呢。

f. 他弄啥着呢？他搞娃娃_{看孩子}着呢。

g. 他洗手着呢吗？没有，他没洗。

h. 定定蹴_坐着，不咧胡瓷摊_{动弹}。

---

① 参考游汝杰《汉语方言学教程（第二版）》（上海教育出版社，2016年）附录四"汉语方言动词'体'的调查表"调查宁南方言动态助词，根据宁南方言实际情况有所删减。
② 在本部分，为了比较全面地观察"动态"的问题，讨论不限于动态助词，有时会涉及副词、语气词等其他词类。
③ 本节举例除非特别需要，一般以原州话代表宁南话。宁南话内部在动态助词上差异很小，但是由于一些词的发音不同，或者用词不同，所以表达同一个意思，三地话会有细微的差异。比如同一个语气词，原州话发"呢"[n̩i21]，西吉部分地方也发"呢"[n̩i21]，部分地方发"唻"[lɛ21]，泾源回民话发"哩"[li21]。

i. 你睡着，不咧起来咧。

在表达"进行"时，宁南方言和普通话的不同在于，在叙述句和疑问句中，普通话可以用副词"在"和语气词"呢"来表示"进行"，而宁南方言只能用"着呢"。例如：

a1. 妈妈在缝衣服，姐姐在做饭。（普通话）

a2.* 妈在缭衣裳，姐在做饭。（宁南话）

a3. 妈缭衣裳着呢，姐做饭着呢。（宁南话）

b1. 他在干什么？（普通话）

b2.* 他在做啥？（宁南话）

b3. 他做啥着呢？（宁南话）

c1. 我吃饭呢，你等一下。（普通话）

c2.* 我吃饭呢，你等卡。（宁南话）

c3. 我吃饭着呢，你等卡。（宁南话）

d1. 你洗衣服呢啊？真勤快！（普通话）

d2.* 你洗衣裳呢噢？勤苦腾_{勤快得很}！（宁南话）

d3. 你洗衣裳着呢噢？勤苦腾_{勤快得很}！（宁南话）

（二）表示"完成"

在表示"完成"的时候，普通话用助词"了"，宁南三地话在很多情况下都用助词"咧"，这是一致的地方。例如：

a. 你将_刚把药吃咧，不敢喝茶。

b. 兀走咧一个多月咧，还没回来。

c. 你爷爷睡着咧吗？睡着咧。/ 没睡着。

d. 饭吃饱咧再要去。

e. 明儿致个时候他可截_{已经}到咧北京咧。

f. 房里点咧两个灯。

g. 说错咧闲着呢，再说一遍奏对咧。

不同的地方是，在表示"曾经发生"的时候，普通话一般用"了"，宁南原州话、泾源汉民话可以用助词"来"，西吉话、泾源回民话还是用"咧"。例如：

a1. 你去他们家了没有？去了。/没去。（普通话）

a2. 你去他们来吗没有？去来。/没去。（原州话、泾源汉民话）

a3. 你去他们咧吗没有？去咧。/没去。（西吉话、泾源回民话）

b1. 你家种花了没有？种了。/没种。（普通话）

b2. 你们种花来吗没有？种来。/没种。（原州话、泾源汉民话）

b3. 你们种花咧吗没有？种咧。/没种。（西吉话、泾源回民话）

c1. 你昨晚下棋了没有？下了。/没下。（普通话）

c2. 你夜黑咧下棋来吗没有？下来。/没下。（原州话、泾源汉民话）

c3. 你昨儿晚下棋咧吗没有？下咧。/没下。（西吉话）

c4. 你夜黑咧下棋咧吗没有？下咧。/没下。（泾源回民话）

普通话可以用助词"来着"表示"曾经发生"，宁南方言正好相反，可以用助词"着来"表示。例如：

a1. 刚才老师找你来着。（普通话）

a2.* 将将老师寻你来着。（宁南话）

a3. 将将老师寻你着来。（宁南话）

（三）表示"持续"

普通话一般用助词"着"表示"持续"，宁南方言一般用"下"来表示，偶尔也可以用"上"或"的"。例如：

　　a1. 他手里拿着一个杯子。（普通话）

　　a2. 他手里端下一个缸子。（宁南话）

　　b1. 躺着，不要坐起来。（普通话）

　　b2. 睡下，不咧起来咧。（宁南话）

　　b3. 睡上，不咧起来咧。（宁南话）

　　b4. 睡上／下，麦起来。（泾源话）

　　c1. 戴着帽子找帽子。（普通话）

　　c2. 戴的帽子寻帽子。（宁南话）

　　（四）表示"存在"

　　普通话一般通过助词"着"来表示"存在"，宁南方言一般用"下"来表示。例如：

　　a1. 门开着，不要关了。（普通话）

　　a2. 门开下，不要关咧。（宁南话）

　　b1. 墙上挂着一幅画。（普通话）

　　b2. 墙上挂下一张画。（宁南话）

　　c1. 墙上没有挂着画。（普通话）

　　c2. 墙上没有挂下画。（宁南话）

　　d1. 门口站着人吗？没有站着人。（普通话）

　　d2. 门口站下人着吗？没有站下人。（宁南话）

　　（五）表示"延续"

　　普通话一般用助词"着"表示"延续"，宁南方言一般用"着呢"。例如：

a1. 杯子里倒着茶呢，你没看见吗？（普通话）

a2. 缸子里倒茶着呢，你没看着吗？（宁南话）

b1. 杯子里倒着茶吗？没有倒着茶。（普通话）

b2. 缸子里倒茶着呢吗？没有倒茶。（宁南话）

（六）表示"经验"

普通话和宁南话表示"经验"的形式一致，都用助词"过"。

a1. 他去过很多国家。（普通话）

a2. 乜去过的地方多得很。（宁南话）

b1. 他从前做过生意。（普通话）

b2. 乜早已_{以前}做过买卖。（宁南话）

（七）表示"起始"

普通话可以用助词"起""起来""了"表示"起始"，宁南方言也可以用"起 [tɕhiɛ53]""起来 [tɕhiɛ53lɛ21]""咧"表示，还可以用助词"开（咧）"来表示。例如：

a1. 下雨了，快把衣服收进来。（普通话）

a2. 下雨咧，赶紧把衣裳拾进来。（宁南话）

b1. 他讲起（来）这个故事起码得一个小时。（普通话）

b2. 他说起（来）致个古今起码得一个钟头。（宁南话）

b3. 他说开致个古今起码得一个钟头。（宁南话）

c1. 你怎么做起生意来了？（普通话）

c2. 你咋做起买卖（来）咧？（宁南话）

c3. 你咋做开买卖咧？（宁南话）

（八）表示"连续"

普通话用"着"或"着呢"来表示"连续"，宁南方言用"着呢"，一般不能单用"着"来表示。例如：

a1. 他不停地跳着。（普通话）

a2. 他不站点地跳着呢。（宁南话）

a3.* 他不站点地跳着。（宁南话）

b1. 雪不停地下着呢。（普通话）

b2. 雪不停点地下着呢。（宁南话）

b3.* 雪不停点地下着。（宁南话）

（九）表示"可能"

普通话可用"动＋得＋下"或"能＋动＋下"两种形式来表示"可能"，宁南话不用"动＋得＋下"表示"可能"，只用"能＋动＋下"这种形式来表示，偶尔也可用"能＋动＋上"来表示。否定"可能"时，普通话和宁南话都用"动＋不＋下"来表示，宁南话偶尔也可用"动＋不＋上"来表示。例如：

a1. 我吃得下三碗饭。（普通话）

a2.* 我吃得下三碗饭。（宁南话）

a3.* 我吃得上三碗饭。（宁南话）

b1. 我能吃下三碗饭。（普通话）

b2. 我能吃下三碗饭。（宁南话）

b3. 我能吃上三碗饭。（宁南话）

c1. 我吃不下三碗饭。（普通话）

c2. 我吃不下三碗饭。（宁南话）

c3. 我吃不上三碗饭。（宁南话）

（十）表示"尝试"

普通话可用动词重叠或重叠式中间插入"一"的形式表示"尝试"，宁南方言动词不能重叠，表示"尝试"一般用"动词＋一下"或"动词＋卡（子／儿）"等形式。例如：

a1. 我尝（一）尝这道菜。（普通话）

a2.* 我尝（一）尝这道菜。（宁南话）

a3. 我尝一下致个菜。（宁南话）

a4. 我尝卡（子／儿）致个菜。（宁南话）

b1. 你闻（一）闻这瓶醋。（普通话）

b2.* 你闻（一）闻这瓶醋。（宁南话）

b3. 你闻一下致瓶醋。（宁南话）

b4. 你闻卡（子／儿）致瓶醋。（宁南话）

（十一）表示"短暂"

和表示"尝试"一样，普通话可用动词重叠或重叠式中间插入"一"的形式表示"短暂"，宁南方言一般用"动词＋一下"或"动词＋卡（子／儿）"等形式表示"短暂"。例如：

a1. 咱们歇（一）歇再干。（普通话）

a2.* 咱们缓（一）缓再做 [tsu44]。（宁南话）

a3. 咱们缓一下再做 [tsu44]。（宁南话）

a4. 咱们缓卡（子／儿）再做 [tsu44]。（宁南话）

（十二）表示"接续"

普通话可用"下去"表示"接续"，宁南方言表示"接续"时，肯定式不用"下去"，一般要用"往下"，否定式表示主观意愿时用"往下"，表示能力时用"下去"。例如：

a1. 你说下去，不要停。（普通话）

a2.* 你说下去，不咧停。（宁南话）

a3. 你往下说，不咧停。（宁南话）

b1. 你要说下去吗？不要说下去了。（普通话）

b2.* 你要说下去吗？不咧说下去了。（宁南话）

b3. 你要往下说吗？不咧往下说咧。（宁南话）

c1. 我说不下去了。（普通话）

c2. 我说不下去咧。（宁南话）

三、其他助词

（1）来：可用在数词或量词后面表示概数。例如：

a. 走咧十来天咧。

b. 队里剩下二十来个人咧。

c. 致个人奏是个五十来岁。

d. 乜们过事来咧四百来人着呢。

e. 今年打咧两千来斤麦子。

f. 到兀达奏是个二里来路。

g. 我们家里只有三亩来地。

（2）咧：同类并列成分之后带"咧"，表示列举。

a. 羊咧，牛咧，猪咧，养咧一抹活_{好多}。

b. 你二达_爸咧，你三舅咧，你表叔咧，都去着呢。

（3）呢：用在动词性成分后，表示列举，最后一个并列项后一般要加"的"。例如：

a. 你觑呢探呢的弄啥着呢？

b. 跳呢，唱呢，笑呢的，看去把人高兴劲大咧。

（4）啥的：表示列举未尽。例如：

a. 盘个炕，砌个墙，摞个麦子啥的，乜都能成。

b. 媳妇子奏爱吃个燕面揉揉啥的。

（5）像 / 连（览、干）……一样：表示比况。例如：

a. 心里奏像猫抠着呢一样。

b. 致个碎尿奏像几天没吃饭一样。

c. 耳刮眼里吼地奏像开拖拉机着呢一样。

d. 腿疼得奏像针剜着呢一样。

e. 致个娃娃乖得连猫儿一样。

f. 致个尿闷得连驴一样。

h. 肚子里连狗舔咧一样。

i. 致几天览过年一样红火。（西吉话）

j. 外干驴惊咧一样地跑咧。（泾源回民话）

k. 娃身上烧得干火蛋蛋一样。（泾源回民话）

（6）的话：表示假设，往往与"但"配合使用。例如：

a. 你不去的话，我一个人走恰。

b. 你但忙的话，奏不来咧。

第四节　语气词

本节从单用语气词、合音语气词、连用语气词三个方面介绍宁南方言语气词。单用语气词指单独使用的语气词，一般都是单音节的。合音语气词由两个语气词合音而成，都是单音节的。连用语气词指两个以上的语气词连用，多数是两个语气词连用，也有三个语气词连用的情况。

一、单用语气词

（1）啊 [Øa21]：增强句子的语气或感情色彩，宁南三地话都说，但说得较少。与普通话不同的是，一般没有"呀""哇""哪"等变音形式。例如：

　　a. 火石寨咋美腾啊！

　　b. 老龙潭这地方美得很啊！

　　c. 风咋致么大啊？

　　泾源回民话一般说"呀" [Øia21]，例如：

　　d. 外前_{外面}的风刮得大得很呀！

d. 外前_{外面}的风刮得大得很呀！

　　e. 这个人麻眼得很呀！

（2）噢 [Øɔ21]：与"啊"意义及用法相同，宁南三地话更常用。例如：

　　a. 我连你们能比噢？

　　b. 而个_{现在}噢，啥都好得很！

（3）呕 [Øəu21]：与"啊"意义及用法相同，泾源回民话用。例如：

　　奏是这呕？

（4）昂 [Øɑŋ21]：与"啊"意义及用法相同，宁南三地话常说，多用于句中。例如：

a. 奈人昂，咋说呢撒？

b. 我致个猴女子昂，搭碎碎奏爱唱歌子。

（5）咧 [liɛ21]：表示出现了新的情况或变化，宁南三地话常说。例如：

a. 做下致事把人奏攘搡_{窝囊}死咧。

b. 把人等得泼烦_{烦闷}死咧。

c. 事情窝也_{成、好}咧。

d. 乜老早奏搭班车走咧。

e. 对咧_{可以了}，对咧，再不敢吃咧。

西吉部分乡镇话音 [lɔ21]，写作"唠"，例如：

f. 臧你就不来唠。

g. 臧没手逗_{没办法}唠。

h. 你吃不撒？不吃格_我就遮_{收拾}下去唠。

（6）呢 [n̩i21]：表示确认或深究的语气，主观色彩较浓，多含有夸大的语气，经常和助词"着"配合使用。例如：

a. □ [ʐɤr24]_{人家}奈上房才叫个排场呢。

b. 你给说一下，不咧以后还咬扎_{抱怨}呢。

c. 奈乜歌子唱得好着呢。

d. 后头的路还长着呢。

e. 娃娃还碎着呢。

f. 奈在奈担_{那儿}做样子着呢，你不咧管。

g. 致一回你走哪哒呢？

h. 谁还在地里做活着呢？

西吉部分乡镇音 [lei21] 或 [lɛ21]，写作"唻"，例如：

i. 老百姓么，咋能不缺钱唻。

j. 你吃米唻，还是吃面唻？

泾源回民话音 [li21]，写作"哩"，例如：

k. 你吃长面哩，还是吃饸饹 [xuɤ35luɤ21] 面哩？

（7）吗 [ma21]：表示疑问语气，宁南三地话常用。例如：

a. 乜去银川吗？

b. 你看致么能成吗？

c. 他敢赌咒吗？

d. 截个_{今天}星期一，对着吗？

e. 致么好着吗？

（8）撒 [sa21]：用在祈使句末，带有央求或催促的口气，用在疑问句末，有增强语气的作用，宁南三地话常用。例如：

a. 你等一下我撒！

b. 出劲揉撒！

c. 你不咧做谦_{作假、谦虚}撒！

d. 列快_{赶快}回去撒！

e. 你做咧些啥撒？

f. 外前_{外面}的风咋致么大撒？

比较特殊的是，泾源回民话说"先" [ɕiæ21]，意义及用法与"撒"同。例如：

g. 你去看一下先。

g. 等一下我先。

146

i. 快走先，没咧奏迟到咧。

j. 覅作假先！

（9）么 [mu21]：弱读时音 [mə21]，表示情况或道理比较明显，在向对方说明情况或道理时用，有缓和语气的作用，宁南三地话常说。例如：

a. 有啥话，你奏说么。

b. 奈可是老队长么。

c. 我晓不得么。

d. 碎女子指_使不去么，有啥办法呢。

e. 能行么，曹两个一达走。

f. 致怕是乜城里人的下数_{规矩}么。

g. 人多咧红火么。

（10）恰 [tɕhia21]：用于将来时态，有提醒或强调"将要"的意味，宁南三地话都说。例如：

a. 你们几个闹活_{玩闹}去，我睡恰。

b. 我饿劲大咧，我先吃恰。

c. 今年你走哪哒打工去恰？

d. 黑咧你还出去恰？

e. 你们明儿走哪哒恰？

原州话也常说"切"[tɕhiɛ21]，例如：

f. 我走切，你忙着去。

g. 我吃切，你们品_{磨蹭}着。

泾源汉民话说"夹"[tɕia21]，例如：

h. 你明儿走哪哒夹？

147

（11）的 [ti21]：用在陈述句末，表示肯定的语气，与普通话意义及用法相同，宁南三地话都说。例如：

a. 致是我问下乜儿子的。

b. 我是夜儿个看着的。

（12）着 [tʂə21]：表示强调，用在陈述句末，有提醒、警告的意味，用在疑问句末，有加强疑问语气的作用。例如：

a. 你把娃娃看好，看跑出咧着！

b. 你娃娃小心着。

c. 我把你等着，等着，你咋才来撒。

d. 谁说下的？你说着。

e. 你说啥着？

f. 你做啥着？

（13）噻 [sɛ21]：表示遗憾或后悔的语气，多数同时还表示假设意义，宁南三地话都说。例如：

a. 我去咧噻，乜可加_{已经}走咧。

b. 我老早把致个房买下噻奏发咧。

原州话和泾源话也说"些" [ɕiɛ21]，例如：

c. 早知道些，我把车开上。

西吉部分乡镇话说"嘶" [si21]，例如：

e. 格_我但晓得你来嘶，格奏不来唠。

（14）嘛：表示期望、责怪、不满等比较鲜明强烈的语气，泾源汉民话说。例如：

a. 你明儿来嘛，来咧咱们一达耍走。

b. 你弄下这是个啥事嘛！

c. 他算个老几嘛！

（15）一个 [ǿi21kɤ24]：或音 [ǿi21kə21]，是一个特殊的语气词，由数量词构成，用于判断句中，带有较强的感情色彩，有强调的意味，宁南三地话都说。例如：

a. 致是我老师一个。

b. 奈是队长一个。

c. 宙这是格_我同学一个。

d. 致是我们掌柜子一个。

泾源汉民话一般说"一开 [khɛ21]"，例如：

e. 外_那是我留下麦种子一开。

二、合音语气词

合音语气词表达的意义就是两个语气词意义的加合。合音语气词在语速较慢或者特意强调等情况下，也可以发成两个音节，这时候就变成了语气词连用。

（1）□ [ȵia21]："呢""啊"的合音，宁南三地话都说。例如：

a. 到时节你可要给我说一下□。

原州话有时也说捏 [ȵiɛ21]，也是"呢""啊"的合音。例如：

b. 你还要去城里捏。

（2）酿 [ȵiɑŋ21]："呢""昂"的合音，原州话。例如：

致么黑你还要出去酿？

（3）俩 [lia21]："咧""啊"的合音，原州话。例如：

a. 牛娃子跑俩！

b. 新媳妇快来俩！

（4）嘹 [liɔ21]："咧""噢"的合音，宁南三地话都说。例如：

a. 截_今晚上耍欢嘹！

b. 快过年嘹！

c. 七点去奏迟得劲大嘹！

d. 吃饭嘹！

e. 三营、黑城的走嘹！

（5）叼 [tiɔ21/24]："的""噢"的合音，原州话。例如：

你们晚上要得欢叼！

（6）嚼 [tɕiɔ21]："夹""噢"的合音，泾源汉民话。例如：

天致么黑咧，你还出去嚼？

三、连用语气词

宁南方言语气词连用的规则与普通话基本一致。首先，语气词连用有层次。在宁南方言中，"咧""呢""的"是第一层次，"吗""么""恰（切）""着"等是第二层次，"撒""昂""噢""啊""哟"等是第三层次。第一、二层语气词往往有一定的语法意义，第三层语气词主要表达的是语气或感情色彩。语气词连用时，都是第一层在第二、三层前面出现，第二层在第三层前面出现，不会逆序出现。其次，语气词连用时，各个语气词的意义都有保留，但最后出现的语气词是全句语气的重点。

从各层次的组合情况来说，宁南方言语气词连用有以下四类。以下举例，除了特别注明的以外，宁南三地话都说。

1.第一层次 + 第二层次

（1）咧 + 么：

a. 你过来过去说，奏没意思咧么。

b. 不接_叫你去，你奏不咧去咧么。

c. 寻不下个媳妇，把人愁死咧么。

（2）咧 + 着：

a. 慢慢走，看滑倒咧着。

b. 乜歌儿唱得希不好咧着。

c. 先不要放炮咧，等姑舅来咧着。

d. 把门垫_关好，看鸡儿进来咧着。

（3）咧 + 吗：

你看上□ [ʐɤr24]_{人家}咧吗？（原州话）

（4）呢 + 么：

a. 饭多着呢么，你吃撒！

唻 + 么：西吉部分乡镇话。例如：

b. 有啥事你说唻么。

哩 + 么：泾源回民话。例如：

c. 你还要去一回城里头哩么。

（5）呢 + 吗：

a. 咱们现在走呢吗？

西吉部分乡镇话说"唻吗"，例如：

b. 没咧还要我给你搭帮唻吗？

泾源回民话说"哩吗"，例如：

c. 你吃面叶子哩吗，还是吃长面哩？

（6）呢 + 嘛：

农民么，有几个钱呢嘛！

（7）的 + 么：

我奏是夜儿个来的么。

2. 第一层次 + 第三层次

（1）咧 + 啊：

a. 快放假咧啊，美死咧！

泾源回民话说“咧呀”：

b. 快到古尔巴尼古尔邦节咧呀，牛还都没买上哩。

（2）咧 + 撒：

a. 你再不日鬼糊弄咧撒！

b. 你再不二咧撒！

c. 你一下吃咧撒！

d. 不咧着气生气咧撒！

泾源回民话说“咧先”：

e. 不叫你去，你奏媭去咧先。

（3）咧 + 哟 [Ǿiɔ21]：泾源汉民话。例如：

a. 干加已经十一点咧哟。

b. 疼死我咧哟。

（4）呢 + 啊：

a. 你还要驮水去呢啊。

b. 说实话呢啊，奈一家子人争得不得了。

西吉部分乡镇说"唻啊"：

c. 你还要放羊去唻啊。

d. 你还要走街上去唻啊。

泾源回民话说"哩啊"：

e. 你不管咋也儿要给我说一声哩啊。

（5）呢 + 撒：

a. 你咋致么日聋_{哄骗}人呢撒？

b. 老农民么，咋能不下苦呢撒。

西吉部分乡镇话说"唻撒"：

c. 不卖奏不卖么，你还能啥着唻撒！

泾源回民话说"哩撒"：

d. 弄得致也好谁还弹嫌_{嫌弃}啥哩撒！

（6）呢 + 噢：

你结婚开咧，要给我喘一声呢噢。

（7）的 + 啊：

致还是他后人_{儿子}说下的啊！

（8）的 + 撒：

你爷是咋么说下的撒？

3. 第二层次 + 第三层次

（1）吗 + 撒：

a. 后儿个骚蛋结婚着呢，你去吗撒？

b. 时大_{时间长、晚}咧么，你饿吗撒？

（2）么 + 昂：

我么昂，连你们能比噢？

奏是奈么一说么昂，你不咧信咧。

"么昂"快读时会合音为□[mɑŋ21]。

（3）恰+噢：

a. 致么黑咧，你还出去恰噢？

原州话也说"切噢"：

b. 你还实话走娘家去切噢？

（4）切+撒：

你一下妖道_{做作、妖气}着[乍舍][tsua24]_{做啥}切撒？

（5）着+撒：

你小心着撒，看弄得淌咧一地吗？

4. 第一层次+第二层次+第三层次

（1）咧+吗+撒：

a. 你病好咧吗撒？

b. 饭做好咧吗撒？

c. 截个_{今天}浪美咧吗撒？

西吉部分乡镇说"唠吗撒"：

d. 你吃唠吗撒？

（2）咧+着+撒：

你看羊跑咧着撒！

（3）咧+么+昂：

我可加已经走咧么昂，不是些连你再说一阵话。

（4）呢+吗+撒：

a. 你看气人呢吗撒？

b. 你吃呢吗撒？

（5）的 + 么 + 昂：

致个娃娃她妈死咧，不当_{可怜}的么昂！

（6）的 + 吗 + 撒：

你晓得他是咋么跌下去的吗撒？

第五章　拟音词

　　叹词和拟声词都是模拟声音的词，没有具体实在的意义，经常做句子的独立语或者是独立成句，归入严格意义上的实词或虚词都不是很恰当，这里暂且独立设为一类，统称拟音词。

第一节　叹词

　　叹词通过模拟人类自己的声音，来表达自身的情感或呼唤、应答等。宁南各地方言叹词的差异很小，除非特别注明，本节所说的叹词在宁南三地话中都有。另外，由于叹词发音会随着感情态度等因素而发生变化，本节叹词发音根据一般情况标注，与各种情况下的实际发音可能会有差异。

一、一般叹词
（1）哼 [xəŋ53]：表示蔑视、不相信等。例如：

a. 哼，有本事你过来撒！

b. 哼，看把你能得撒！

c. 哼，兀个的话你能信！

（2）呸 [phei53]：表示唾弃、叱责等。例如：

a. 呸，不是个好尿！

b. 呸，我想唾你一脸呢！

（3）唉 [ǿɛ21]：表示伤感、惋惜、无奈等。例如：

a. 唉，他咋病成致么个咧！

b. 唉，外_那怕都没事_{不行}咧！

c. 唉，我当时不咧走咧嚓。

d. 唉，致下烂包_{完蛋}咧！

e. 唉，有啥办法呢！

f. 唉，臧咋弄呢撒！（西吉话）

g. 唉，我咋致么垂 [tʂhuei44]_{没本事}撒！（西吉话）

（4）啊 [ǿa24]：表示惊疑。例如：

a. 啊，真格有宙么_{这么}个事唻噢？（西吉话）

b. 啊，你咋回来咧？

c. 啊，你不去咧噢？

（5）嘎 [ka13]：表示惊叹，西吉话。例如：

嘎，致么大个鱼儿！

（6）诶 [ǿei53/44/24]：表示惊喜、惊奇、惊疑等。例如：

a. 诶，乍_{这下}下美咧！（原州话）

b. 诶，你还会开车呢！

c. 诶，咋也儿_{怎么}没电咧？（泾源回民话）

（7）哟 [ǿiɔ24/21]：表示惊异，突然想起了某事。例如：

a. 哟，我没拿钥匙！

b. 哟，我忘咧关煤气灶咧！

c. 哟，我脚咋么肿咧！

（8）嘿 [xei53/44]：表示惊异或得意，泾源话。例如：

a. 嘿，致个碎伙能得很！

b. 嘿，□ [n̠ia53] _{人家}把雀儿套住咧！

（9）唵 [Ǿæ213/53]：表示阻止、不同意、不满等。例如：

a. 唵，再不咧胡说咧。

b. 唵，不是致么弄着呢。

c. 唵，给你说咧多少遍你咋不听？

d. 唵，你说，我阿一点对不住你？（泾源回民话）

（10）哎 [Ǿɛ53]：表示提醒、警告。例如：

a. 哎，往乍_{这儿}看！

b. 哎，你弄啥着呢？

c. 哎，我在致达呢！

d. 哎，赶紧过来！

e. 哎，快来看！

f. 哎，你手机跌咧！

g. 哎，致是你车吗？你看在哪哒放着呢？

h. 哎，你试不着垫噢？

i. 哎，你说下外啥话嘛！

j. 哎，我说咧半天你没听着吗？

k. 哎，你猪眼再把我剜一下！

（11）噢 [ǿɔ24/21]：表示了解、领会、醒悟等。例如：

a. 噢，说的是个你噢？

b. 噢，从欧达_{那儿}走着呢噢？（原州话）

c. 噢，我才辨来_{明白}了！

（12）嗯 [ǿŋ24/21]：表示疑问、惊奇、应答、满意、同意等。例如：

a. 嗯，你说啥？

b. 嗯，致个碎子子子_{小东西}哪里 [n̠i24] 去咧？

c. 嗯，钱包知个_{真的}还在呢！

d. 嗯，我听下咧。

e. 嗯，我一下奏回来咧。

f. 嗯，能成。

g. 嗯，窝也很！

（13）姆 [m̩21]：表示同意、赞成等。例如：

a. 姆，能成！

b. 姆，奏致么弄！

（14）喂 [vɛ53/24]：打电话时常用的招呼声。例如：

a. 喂，你是谁撒？

b. 喂，你是马老师吗？

c. 喂，他舅母，你好着吗？

（15）唻 [tɕia53]：给别人东西时的提示声。例如：

a. 唻，拿去。

b. 唻，这不是你眼镜吗？

（16）唏 [ɕ21<]：吸气音，表示疼痛、酸辣或惧怕等。例如：

a. 唏，疼死咧。

b. 唏，把人酸死咧。

c. 唏，害怕死咧。

（17）哈哈 [xa21xa21]：高兴大笑时的声音。例如：

a. 哈哈，截个 今天 把你还给碰上咧。

b. 哈哈，致下把你拉住咧。

c. 哈哈，臧你输唠！（西吉话）

d. 哈哈，你说得对对儿的。

（18）哎呀 [øɛ24øia21]：表示惊讶、埋怨、不耐烦、惋惜等。例如：

a. 哎呀，致个娃娃本事大！

b. 哎呀，今年的个庄农好得很！

c. 哎呀，你到了砝码 厉害 得很么！

d. 哎呀，你们奏天天嚷仗着呢！

e. 哎呀，你咋可来咧撒？

f. 哎呀，致么好的庄子奏致么撂 扔 咧！

（19）噢哟 [øɔ24øiɔ21]：表示惊叹。例如：

a. 噢哟，下 [ɕia44] 下 [xa21] 致么厚的雪！

b. 噢哟，你看致个洋芋大吗？

（20）妈哟 [ma24øiɔ21]：表示惊讶，出乎意料，女性多用。例如：

a. 妈哟，咋来致么多人撒！

b. 妈哟，你还没做完噢？

（21）哎哟 [øɛ24øiɔ21]：表示惊讶、痛苦、惋惜、不满等。例如：

a. 哎哟，你头咋一下白唠。（西吉话）

b. 哎哟，肚子疼死咧。

c. 哎哟，可惜 [khuɤ53ɕiɛ24] 这么好的粮食咧！

d. 哎哟，你致个人咋致么难受撒！

（22）哎哟哟 [ʔɛ24ʔiɔ21ʔiɔ21]：与"哎哟"同义，表达更强烈的感叹。例如：

a. 哎哟哟，把人疼死咧么！

b. 哎哟哟，你把外_那慢个撒！

二、特殊感叹语

宁南方言在表达比较强烈的感叹时，有一些地方色彩鲜明的感叹语，从句法结构上来说是短语，通常以句子的形式出现，虽然不是严格意义上的感叹词，但是与感叹词的用法一致，本节一并介绍。

（一）完整型

一般以"啊的"或"我的"开头，后面跟特定的某个词，最后往往还有语气词附缀。例如：

a. 啊的个天达达昂，一个车子捎_带咧三个人！

b. 啊的个娘娘噢，你把钱挣下咧！

c. 啊的个桄桄，致么大的水！

d. 啊的个桄三，你把瓜子儿吃下咧！

e. 啊的个桄赤，你把一个鸡儿吃光咧！

f. 啊的个冷厉昂，把个车直接碰日踏咧！

g. 我的老天爷昂，楼盖下致么高！

h. 我的妈哟，你把脸咋么咧撒？

i. 我的个桃桃，你不要命咧吗？

j. 我的日升呀，这娃瓜着呢么！（泾源回民话）

（二）省略型

"啊的"后面的词可以省略，或者也可以省略前面的"啊的"或"我的"。例如：

a. 啊的美啊！

b. 啊的个，致个炮亮！

c. 啊的个昂，这么多的人！

d. 天达达昂，来下外么多的车！

e. 天光神昂，把衣裳有买下咧么！（原州话）

f. 天黄神哟，臧把麻达闹下咧！（西吉话）

第二节　拟声词

拟声词是模拟各类事物声音的词。宁南方言拟声词特别丰富，且富有地方特色。[①]以下举例，除了特别注明的以外，是宁南三地话都有的表达。

（1）刮风的声音

a. 呼呼 [xu21xu21] 地

b. 呜呜 [vu21vu21] 地

c. 嗖嗖 [səu53səu53] 地

d. 呕呕 [Ǿəu44Ǿəu44] 地

---

① 本课题拟声词的调查提纲以黄伯荣《汉语方言语法调查手册》（广东人民出版社，2001 年）中的拟声词调查表为基础增删调整而来。

（2）打雷的声音

a. 咳嚓 [khɤ21tsha53] 一声

b. 轰隆 [xuŋ21luŋ53] 一声

c. 轰隆隆 [xuŋ21luŋ53luŋ24] 地

d. 咳里咳嚓 [khɤ21li24khɤ21tsha53] 地

e. 喟哩喟哂 [kuɤ21li24kuɤ21tsa21] 地

f. 呼哩呼隆 [xu21li24xu21luŋ21] 地

（3）下雨的声音

a. 唰唰 [ʂua53ʂua53] 地

b. 哗哗 [xua53xua53] 地

c. □哩□当 [phiaŋ21li24phiaŋ21taŋ21] 地

（4）绳子断了的声音

a. 嘣 [pəŋ53] 地一下

b. 噌 [tshəŋ53] 地一下

c. 哪 [paŋ53] 地一下

d. 咳噌 [khɤ21tshəŋ53] 一下

e. 咯嘣 [kɤ21pəŋ53] 一下

（5）开锅煮鸡蛋的声音

a. 咣当当 [kuaŋ21taŋ53taŋ24] 地

b. 扑突突 [phu21thu53thu24] 地

c. 咕嘟咕嘟 [ku21tu21ku21tu21] 地

（6）水开了的声音

a. 咕嘟嘟 [ku21tu53tu24] 地

b. 扑呲呲 [phu21tsʅ53tsʅ24] 地

（7）炒豆子的声音

a. 嘣嘣 [pəŋ53pəŋ53] 地

b. 噼哩啪啦 [pi21li24phia21la24] 地

c. 嘀哩曝唠 [ti21li35pɔɕ21lɔ21] 地（泾源话）

d. 咯哩咯啷 [kɤ21li35kɤ21pɑŋ21] 地（泾源话）

（8）锁门的声音

a. 哐喏 [khuɑŋ21thɑŋ53] 一声

b. 哐 [khuɑŋ53] 地一下

c. 啪 [phia53] 地一下

（9）纸响的声音

a. 呲啷啷 [tsʅ21lɑŋ53lɑŋ24] 地

b. 啪啦啦 [phia21la53la24] 地

c. 哗啦哗啦 [xua21la53xua21la53] 地

（10）扁担的声音

咯吱咯吱 [kɤ21tsʅ21kɤ21tsʅ21] 地

（11）铃铛的声音

a. 当啷啷 [tɑŋ21lɑŋ53lɑŋ24] 地

b. 仓啷啷 [tshɑŋ21lɑŋ53lɑŋ24] 地

c. 当啷当啷 [tɑŋ44lɑŋ44tɑŋ44lɑŋ44] 地

（12）扇风箱的声音

啪踏啪踏 [phia21tha53phia21tha53] 地

（13）往水里扔石头的声音

a. 咚 [tuŋ53] 地一声

b. 咕咚 [ku21tuŋ53] 一声

c. 噗嗵 [phu21thuŋ53] 一声

（14）放气的声音

楚 [tʂhu53] 地一下

（15）大炮的声音

嗵嗵 [thuŋ53thuŋ53] 地

（16）房屋倒塌的声音

a. 嚇嘞 [xɤ21ləŋ53] 一声

b. 慌啷 [xuɑŋ21lɑŋ53] 一声

（17）书本落地的声音

a. 啪 [phia53] 地一声

b. □ [phiɑŋ53] 地一声

c. 啪啦 [phia21la53] 一声

（18）树枝断裂的声音

咔擦 [kha21tsha53] 一声

（19）树枝刮衣服的声音

呲 [tshɿ53] 地一下

（20）砖头落地的声音

a. 嗙 [phɑŋ53] 地一声

b. 哐啷 [khuɑŋ21lɑŋ53] 一声

c. 哐啷啷 [khuɑŋ21lɑŋ53lɑŋ24] 地

（21）杯子掉地上打碎了声音

a. 啪 [pia53] 地一下

b. 啪 [phia53] 地一下

c. □闯 [piaŋ21tʂhuaŋ53] 一下（西吉话）

（22）敲打木头的声音

嘣 [paŋ53paŋ53paŋ53] 地

（23）撕布的声音

a. 呲 [tshɿ24] 地一声

b. 呲啦 [tshɿ21la53] 一声

（24）钟表走针的声音

a. 铿铿铿 [tsəŋ53tsəŋ53tsəŋ53] 地

b. 臧臧臧 [tsaŋ53tsaŋ53tsaŋ53] 地

（25）火车开过来的声音

a. 咣切咣切 [khuaŋ53tɕhiɛ21khuaŋ53tɕhiɛ21] 地

b. 咣嗵咣嗵 [khuaŋ21thaŋ53khuaŋ21thaŋ53] 地

c. 咣当咣当 [khuaŋ21taŋ53khuaŋ21taŋ53] 地

（26）砸门的声音

a. 咣咣咣 [khuaŋ53khuaŋ53khuaŋ53] 地

b. 嘭嘭嘭 [phaŋ53phaŋ53phaŋ53] 地

c. 咚咚咚 [tuŋ53tuŋ53tuŋ53] 地

（27）汽车喇叭声音

a. 嘟嘟嘟 [tu44tu44tu44] 地

b. 嘀嘀嘀 [ti44ti44ti44] 地

（28）泼水的声音

a. 唰 [ʂua53] 地一下

b. 哗 [xua53] 地一下

（29）敲锣的声音

a. 锵锵锵 [tɕhiaŋ53tɕhiaŋ53tɕhiaŋ53] 地

b. 咣咣咣 [kuaŋ53kuaŋ53kuaŋ53] 地

（30）轮胎炸裂的声音

a. 曝 [pɔ53] 地一声

b. 嘭 [phaŋ53] 地一声

c. 嘭 [phəŋ53] 地一声

（31）鞭炮声

噼里啪啦 [phi21li24phia21la21] 地

（32）急刹车的声音

哧 [tʂhɿ53] 地一声

（33）风吹开门的声音

a. 哐 [khuaŋ53] 地一声

b. 哗 [khua53] 地一声

c. 吱 [tsɿ44] 地一声

d. 咯吱 [kɤ21tsɿ44] 一声

（34）推土机的声音

突突突 [thu21thu21thu21] 地

（35）划火柴的声音

a. 呲 [tshɿ53] 地一下

b. 吱 [tsๅ53] 地一下

（36）火燎头发的声音

a. 滋啦 [tsๅ21la53] 一下

b. 呲啦 [tshๅ21la53] 一下

（37）人的脚步声

a. 噔噔噔 [təŋ44təŋ44təŋ44] 地

b. 哐哐哐 [khuɑŋ53khuɑŋ53khuɑŋ53] 地

c. 咯哩咯噔 [kɤ21li24kɤ21təŋ44] 地

（38）在泥水里走路的声音

a. 咯唊咯唊 [kɤ21tɕia53kɤ21tɕia53] 地（原州话）

b. 哧踏哧踏 [tʂʅ21tha53tʂʅ21tha53] 地

c. 啪呲啪呲 [phia21tshๅ35phia21tshๅ35] 地（泾源话）

（39）陷进泥里的声音

a. 苦楚 [khu21tʂhu53] 一下

b. 苦哧 [khu21tʂʅ53] 一下

c. 噗哧 [phu21tʂʅ53] 一下

（40）跳进水里的声音

噗通 [phu21thuŋ53] 一声

（41）滑倒的声音

a. 啪 [phia53] 地一下

b. 呲溜 [tshๅ21liəu53] 地一下

（42）肚子里响的声音

a. 咕咕 [ku24ku24] 地

b. 咕噜咕噜 [ku44lu21ku44lu21] 地

（43）喝水的声音

a. 咣咣 [kuaŋ24kuaŋ24] 地

b. 咣当当 [kuaŋ21taŋ53taŋ24] 地

c. 咕咚咕咚 [ku21tuŋ21ku21tuŋ21] 地

d. 呲溜呲溜 [tshʅ21liəu21tshʅ21liəu21] 地

e. 唏溜唏溜 [ɕi21liəu21ɕi21liəu21] 地

（44）从床上掉下的声音

腾 [thəŋ53] 地一下

（45）心脏跳动的声音

a. 嗵嗵嗵 [thuŋ53thuŋ53thuŋ53] 地

b. 腾腾腾 [thəŋ53thəŋ53thəŋ53] 地

c. 嘡嘡嘡 [thaŋ53thaŋ53thaŋ53] 地

（46）扇耳光的声音

啪 [phia53] 地一巴掌

（47）拍手的声音

a. 啪啪 [pha53] 地

b. 啪啪 [phia53] 地

（48）人吃饭的声音

a. 吼喽吼喽 [xəu21ləu21xəu21ləu21] 地

b. 汪使汪使 [vaŋ53ʂʅ21vaŋ53ʂʅ21] 地

c. 吸溜吸溜 [ɕi21liəu24ɕi21liəu24] 地

（49）打饱嗝的声音

a. 呴呴 [kəu53kəu53] 地（原州话）

b. 嗝嗝 [kər13kər13] 地（西吉话）

（50）笑声

a. 呱嗒嗒 [kua21ta53ta24] 地

b. 咯咯咯 [kɤ21kɤ21kɤ21] 地

c. 给给给 [kei24kei24kei24] 地

d. 苦楚 [khu21tʂhu53] 一下

e. 噗哧 [phu21tʂhɻ53] 一下

（51）哭声

a. 吱哩哇啦 [tsɻ21li24va21la21] 地

b. 呜呜呜 [vu44vu44vu44] 地

c. 凄楚凄楚 [tɕhi21tʂhu21tɕhi21tʂhu21] 地

d. 吱哇吱哇 [tsɻ21va53tsɻ21va53] 地

e. 哇哇哇 [va53va53va53] 地

f. 吸溜吸溜 [ɕi21liəu53ɕi21liəu53] 地

g. 戈哇戈哇 [kɤ21va53kɤ21va53] 地

h. 嗷嗷 [Øɔ24Øɔ24] 地

（52）婴孩说话的声音

呕啊 [Øəu44Øa53] 地

（53）小声说话的声音

a. 叽叽咕咕 [tɕi21tɕi24ku21ku21] 地

b. 窟楚楚 [khu21tʂhu53tʂhu21] 地

c. 比楚楚 [pi21tʂhu53tʂhu21] 地（泾源话）

（54）呕吐的声音

a. 哇哇 [va53va53] 地

b. 呕哇呕哇 [ɸəu21va53ɸəu21va53] 地

（55）读书的声音

a. 汪啷汪啷 [vɑŋ21lɑŋ21vɑŋ21lɑŋ21] 地

b. 汪啷啷 [vɑŋ21lɑŋ53lɑŋ24] 地

（56）惊叫的声音

a. 吱哇 [tsʅ21va53] 一声

b. 哎呀 [ɸɛ24ɸia21] 一声

（57）叹气的声音

唉 [ɸɛ21] 咧一声

（58）人呻吟的声音

a. 哎哟哎哟 [ɸɛ24ɸiɔ21ɸɛ24ɸiɔ21] 地

b. 嗯嗯嗯 [ɸəŋ24ɸəŋ24ɸəŋ24] 地

（59）催孩子尿尿的声音

嘘嘘嘘 [ɕy21ɕy21ɕy21]

（60）蚊子飞的声音

a. 嗡嗡嗡 [vəŋ44vəŋ44vəŋ44] 地

b. □□□ [zʅ44zʅ44zʅ44] 地

c. □□□ [zəŋ44zəŋ44zəŋ44] 地

（61）狗吃食的声音

a. 啪唧啪唧 [phia21tɕi21phia21tɕi21]

b. 啪啦啪啦 [phia21la21phia21la21]

c. 啪啦啪啦 [pia21la21pia21la21]

（62）母鸡下蛋后的叫声

a. 呱蛋呱蛋 [kua21tæ̃44kua21tæ̃44]

b. 咯蛋咯蛋 [kɤ21tæ̃44kɤ21tæ̃44]（泾源话）

（63）喜鹊的叫声

a. 嘎嘎嘎 [ka53ka53ka53]

b. 唧唧唧 [tɕia53tɕia53tɕia53]

（64）小鸟的叫声

a. 叽叽叽 [tɕi44tɕi44tɕi44]

b. 叽叽喳喳 [tɕi21tɕi24tsa21tsa21]

c. 啾啾啾 [tɕiəu44tɕiəu44tɕiəu44]（泾源话）

（65）老鼠的叫声

吱吱吱 [tsɿ53/44tsɿ53/44tsɿ53/44]

（66）青蛙的叫声

a. 呱呱 [kua24kua24]

b. 聒哇聒哇 [kuɤ21va24kuɤ21va24]（泾源话）

（67）布谷鸟的叫声

宝沟宝沟 [pɔ53kəu21pɔ53kəu21]

（68）大雁的叫声

咕噜咕噜 [ku44lu21ku44lu21]

（69）猫的叫声

a. 喵喵 [miɔ44miɔ44]

b. 喵呜喵呜 [miɔ44vu21miɔ44vu21]

c. □呕□呕 [mia53ǿue21mia53ǿəu21]

（70）狗的叫声

a. 汪汪汪 [vɑŋ53vɑŋ53vɑŋ53]

b. 咣咣咣 [kuɑŋ53kuɑŋ53kuɑŋ53]

（71）猪的叫声

哼哼 [xəŋ21xəŋ21]

（72）鸡的叫声

a. 咕咕 [ku21ku21]

b. 咯咯 [kə21kə21]（西吉话）

c. 呴呴 [kəu44kəu44]（泾源话）

（73）驴的叫声

a. 昂昂昂 [ǿɑŋ24ǿɑŋ24ǿɑŋ24]

b. 昂嗯昂嗯 [ǿɑŋ21ǿəŋ44ǿɑŋ21əŋ44]

c. 冈吱冈吱 [kɑŋ21tsʅ44kɑŋ21tsʅ44]

（74）牛的叫声

哞哞 [məu24məu24]

（75）羊的叫声

a. 咩咩 [miε44miε44]

b. 绵绵 [miæ24miæ24]

c. 蛮蛮 [mæ24mæ24]

（76）赶鸡的声音

呕噬呕噬 [ǿəu53ʂʅ21ǿəu53ʂʅ21]

（77）赶驴的声音

a. 嘚球 [tɛ53tɕhiəu21]

b. 嘚嘚 [tɛ53tɛ53]

（78）赶牛的声音

a. 嗷噬 [ǿɔ53ʂʅ21]

b. 哦噬 [ǿəu53ʂʅ21]（西吉话）

c. 汪噬 [ǿuɑŋ53ʂʅ21]（西吉话）

（79）赶羊的声音

a. 唏 [ɕi21]

b. 哧 [tʂhʅ21]

c. 噬 [ʂʅ21]

d. 啊唏 [ǿa53ɕi21]

（80）叫猪的声音

a. 喽喽喽喽 [ləu24ləu21ləu24ləu21]

b. 唠唠唠唠 [lɔ24lɔ21lɔ24lɔ21]

（81）叫鸡的声音

a. 诹诹诹诹 [tsəu24tsəu21tsəu24tsəu21]

b. 啁啁啁啁 [tʂəu24tʂəu21tʂəu24tʂəu21]

c. 呴呴呴呴 [kəu21kəu21kəu21kəu21]

d. 唧唧唧唧 [tɕ21<tɕ21<tɕ21<tɕ21<]（舌面前吸气音）

（82）叫狗的声音

a. 羔羔羔羔 [kɔ24kɔ21kɔ24kɔ21]

b. 唧唧唧唧 [tɕ21<tɕ21<tɕ21<tɕ21<]（舌面前吸气音）

c. 咪咪咪咪 [mi44mi44mi44mi44]（泾源回民话）

d. 呕噬呕噬 [Ǿəu53ʂʅ21Ǿəu53ʂʅ21]（泾源回民话）

（83）叫猫的声音

□□□ [v<v<v<]（唇齿吸气音）

咪咪咪 [mi44mi44mi44]

（84）叫牛的声音

哞噬 [məu24ʂʅ21]

第六章　句式

句式是根据句子结构上的一些特殊之处所分的类。汉语比较常用的句式有处置句、被动句、否定句、疑问句、双宾句、比较句等。本章介绍宁南方言中的这六种句式。

第一节　处置句与被动句

一、处置句

（一）处置标记

1. 把

在宁南方言中，除了泾源回民话以外，都是用介词"把"作处置标记。例如：

a. 我把地扫净咧。

b. 两里路把我走得挣 [tsəŋ44]_累得不行咧。

c. 一下把镰进_{碰破}咧个豁豁子。

d. 开水把娟娟手烫咧一个大泡。

e. 养咧个灾拐_{不成器的人}把他达_爸奏愁死咧。（原州话）

f. 曹臧要把结婚的日子往后推卡咪。（西吉话）

g. 一个烂架子车就 [tɕhiəu44] 把新新媳妇儿娶回来咧。（西吉话）

h. 把囊么好看的花着_叫你给经管死咧。（泾源汉民话）

2. 抹

泾源回民话用介词"抹"作处置标记。例如：

a. 你抹钱给□ [n̠ia53] _{人家}还咧去。

b. 你一顿抹三个馍吃完咧？

c. 你要抹外_{远指代词，这里是"那个人"的意思}叫回来哩，甓叫在外前_{外面}胡逛咧。

（二）处置句特点

宁南方言处置句在很多方面和普通话是一致的，比如说谓语动词一般都具有较强的处置性，处置标记所带的宾语往往有定，谓语动词一般不能是光杆形式。例如：

a1. 碎儿子一下把手竖_{收缩}回去咧。

a2.* 碎儿子一下把手肿咧个疙瘩。（处置性不强）

a3. 碎儿子手一下肿咧个疙瘩。

b1. 你把致个镰拿上。

b2.* 你把一个镰拿上。（宾语无定）

b3. 致达有一个镰呢你拿上。

c1. 两盅子酒把我还喝醉咧。

c2.* 两盅子酒把我喝醉。（谓语动词缺乏必要的完句成分）

c3. 我喝醉你奏高兴咧。

普通话处置句中，处置标记短语和动词之间一般不能加能愿动词、否定词等，这些词只能置于处置标记之前。不过在宁南方言处置句中，能愿动词、否定词可以置于两者之间。例如：

　　a. 我把车子想给你留下呢。

　　b. 我把致一瓶酒敢都喝咧呢，你信吗？

　　c. 兀把镰没拿么。

　　d. 你奏把乜没放着心上么。

二、被动句

（一）被动标记

1. 叫

"叫"是宁南各地方言被动句中最常使用的被动标记。例如：

a. 我叫乜一下说咧个大张嘴。

b. 墙叫水泡蹋咧。

c. 兀个冷尻叫人哄上偷人着呢。

d. 致些娃娃叫手机害零干咧。

e. 外个女子叫人贩子卖到贵州去咧。

f. 路边里的树叫人斫 [tʂuɤ53]_砍光咧。（泾源回民话）

2. 着

原州话、泾源话经常用"着"作被动标记。例如：

a. 衣裳着汗湿透咧。

b. 家里老伙_{仅仅}一个鸡儿还着贼娃子偷去咧。

c. 来宝着他达_爸把沟子_{屁股}都打肿咧。

d. 牛着吆_赶到圈里咧。

e. 这个事不敢着你达_爸知道。

178

f. 箱子着擦得明光水耀的。

g. 玉麦叶子着耳头_{太阳}都晒蔫咧。（泾源回民话）

3. 加

原州话也用"加"表示被动。例如：

a. 肉加狗吃光咧。

b. 衣裳加火烧咧个眼眼。

c. 包包加人抢去咧。

d. 爷爷洋三混四地加人把一百块钱骗去咧。

4. 接

原州话也可用"接"表示被动。例如：

a. 电视早接些娃娃捣日踏咧。

b. 山上些果蜜_{水果}接放羊的人吃光咧。

c. 柱子接人美美筑_打咧一顿。

5. 无标记

宁南方言被动句也可以不用被动标记。例如：

a. 一盘子苹果一阵阵吃光咧。

b. 手机乍下_{这下}踔日踏咧。

c. 致一块地老海占着去咧。

d. 衣裳没烫展么！

（二）被动句特点

在被动句中，谓语动词的处置意义较强，且一般都不是光杆形式，句子表示的往往是不如意的事情，主语所表示的受事有定。在这些方面，宁南方言被动句与普通话一致。例如：

a1. 我叫老三骂劲大咧。

a2.* 我叫老三骂劲大咧。（谓语动词处置性不强）

a3. 老三连我骂得劲大。

b1. 肉加狗吃光咧。

b2.* 肉加狗吃。（谓语动词是光杆形式）

c1. 老师今儿个把我夸咧一顿。

c2.？今儿个我叫老师夸咧一顿。（不是不如意的事情）

d1. 奈个褡褡着红红拾去咧。

d2.* 一个褡褡着红红拾去咧。（主语无定）

在普通话中，表否定、时间等的副词和能愿动词一般要放在被动标记之前，不过在宁南方言中，这些成分可以在被动标记之前，也可以在被动标记之后。例如：

a1. 我叫乜一下说咧个大张嘴。

a2. 我一下叫乜说咧个大张嘴。

b1. 柱子接人美美筑_打咧一顿。

b2. 柱子美美接人筑_打咧一顿。

c1. 这个事不敢着你达知道。

c2. 这个事着你达不敢知道。

a1、b1、c1都是上面举过的实际语例，其中的"一下""美美""不敢"换了位置后，句子仍然可以说。

第二节　否定句与疑问句

一、否定句

（一）否定词

1. 没、没有

"没"和"没有"既可以是否定性动词，也可以是否定性副词。

a. 乍$_{这儿}$本来奏没路。

b. 家里没钱供娃娃上学么。

c. 致达原先没有路。

d. 插插$_{口袋}$里没有几个钱么，揣$_{摸}$啥着呢。

以上为否定动词。

e. 天黑劲大咧，你达$_{爸}$还没回来么。

f. 我没瞅着你眼镜。

g. 致个碎女子没她姐姐长得乖。

h. 大舅舅没有来。

i. 天还没有黑呢。

以上为否定副词。

2. 不

副词，表示否定。

a. 奈达$_{那儿}$古$_{糁}$得很，你再不去咧。

b. 奈奏不会开车么。

c. 兀个事他连个死气气都不知道。

表达否定意义的"不"经常出现在一些固定短语中，如"晓不得""认不得""识不得""不能成"等：

　　d. 河里发洪水咧，你晓不得吗？

　　e. 你认不得我咧噢？

　　f. 我识不得你们村主任。（原州话）

　　g. 乜硬叫我着不能成。（西吉话）

　　3. 不咧、不唠

　　否定副词，"不要"义，"不咧"宁南三地话都说，西吉部分乡镇说"不唠"。例如：

　　a. 你不咧哄家里人咧。

　　b. 不咧讨厌咧撒，人正忙着呢。

　　c. 你不唠给大汉编阔唠。

　　4. 甦

　　否定副词，"不要"义，泾源话。例如：

　　a. 你好好做，甦给我日鬼。

　　b. 致达塌着呢，你甦过来。

　　c. 叫你甦逗甦逗，看逗日踏坏咧吗！

　　5. 没事

　　可以作否定动词，"不行"义，也可以作否定副词，"不能"义，宁南三地话都说。例如：

　　a. 打工你奏再不想咧，你达_爸肯定没事。

　　b. 没事，你再不黏 [ʐæ24] 咧。

　　c. 我说没事致么弄，你还不信么。

　　d. 截个_{今天}日子不窝也_{合适}，没事盖大门。

以上所举都是单重否定句。

（二）双重否定句

宁南方言也经常通过双重否定来表达肯定的意义。例如：

a. 我不去不得成么。

b. 我不是说致个事没事闹，是而个_{现在}还没到时间呢。

c. 娃不念书没事么，老嫂子。

d. 咱们不致么弄没办法么。

e. 你三舅不是没钱，奈是给你不给。

二、疑问句

（一）疑问词

和普通话一样，宁南方言中的疑问词也有两类，一是疑问语气词，一是疑问代词。

疑问语气词有"吗"和"怕"，前者表达的是全疑而问，说话人对所问之事没有预估，后者表达的是半疑而问，说话人对所问之事有一定的揣测或估计。例如：

a1. 司机来咧吗？

a2. 司机来咧怕？

b1. 你后儿个不去吗？

b2. 你后儿个不去怕？

c1. 致是你老婆婆吗？

c2. 致是你老婆婆怕？

疑问代词在第三章第三节有专门的介绍，这里略举几例：

a. 地里旱得咋么个？

b. 老姨娘今年多年龄咧？

c. 纽屋里_{你们家}在 [tshɛ44] 啊哒_{哪里}唻？（西吉话）

d. 你几时发落_{出嫁}女子着哩？（泾源回民话）

"呢"在普通话中并不是疑问语气词，它主要用以表达一种深究的语气，宁南方言中的"呢"同样如此。试对比：

a. 咱们咋么走？

b. 咱们咋么走呢？

c. 你吃饭吗吃馍馍？

d. 你吃饭吗吃馍馍呢？

普通话中有一种特殊的"呢"字问句，就是在一个非疑问形式后面加上语气词"呢"来表达疑问。例如：

e. 你呢？

"呢"字问句实际上是一种省略了某些成分的疑问句。例如"你呢"实际上是下面一些疑问句的省略形式：

e1. 我要去北京，你去吗？

e2. 我明天去，你什么时候去呢？

……

在宁南方言中，也有这种形式的特殊问句，只不过一般不是用"呢"，而是用"来""哪"或"哩"。"来"和"哪"是宁南方言中用得最普遍的，泾源回民话说"哩"。例如：

a. 我走城里恰，你来？

b. 你想得美得很，我但不同意来？

c. 我喝乐堡，你哪？

d. 老五今年都三十咧么，你哪？

e. 我不吃烟，你哩？

f. 你想打工去，我不点头哩？

（二）疑问形式

普通话的四种疑问形式宁南方言都有。

1. 是非问

是非问一般是对整个命题的疑问，希望听话人对问句做出肯定或否定的回答。例如：

a. 你手机子没电嘹？

b. 你干加_已经_搭娘家回来咧？

c. 我亚_也_想种芹菜呢，能成吗？

d. 你有高高_哥哥_吗？（泾源汉民话）

e. 你看上这个女子咧，得是？（泾源回民话）

2. 特指问

特指问用疑问代词来表明疑问点，希望听话人就疑问点做出具体回答。例如：

a. 你说啥？

b. 谁是你姑舅爸？

c. 啊个字你认不得？（西吉话）

d. 外个箱子有多重？

e. 你咋么来的撒，他姨娘？

3. 选择问

选择问提出两种或两种以上的情况，希望听话人从中选择一种作为回答。通过"（还）是……还是……"或者"……还是……"这样的连词来构建选择问，应该是受到普通话的影响而出现的疑问形式，宁南方言中虽然也用，但是用得不多。用"……吗……"的形式来表达选择问，是宁南方言中最常用的形式。

例如：

a. 是男人还是女人？

b. 咱们吃汤的呢，还是吃干的呢？

c. 你是想念书呢吗，还是想打牛后半截呢？

d. 儿子吗女子？

e. 今儿个吗明儿个？

f. 你听秦腔呢吗听歌子呢？

g. 饭罢中午吃饭吗吃馍馍？（西吉话）

h. 你抹牌哩吗下棋哩？（泾源回民话）

4. 正反问

通过肯定形式（正面）和否定形式（反面）并列的方式来提问，希望听话人从正反两面中选择一种来回答。宁南方言一般用"……吗不……""……吗没有（……）"的形式来构建正反问。例如：

a. 吃吗不吃？

b. 你说吗不说？

c. 你去吗不去撒？

d. 你爱念书吗不爱？

e. 你害怕我吗不害怕？

f. 你踢乜来吗没有踢？

g. 你见过奈个女子吗没有？

疑问语气词"吗"偶尔也可以省略，不过这种表达形式比较少。例如：

h. 你吃不吃？

i. 外个人靠勺_{靠谱}不靠勺？（泾源话）

第三节　双宾句与比较句

一、双宾句
（一）双宾句类型
1. 表示给出

a. 你借过我一百块钱，我记着呢，明儿个奏给你还。

b. 赶紧还人钱。①

c. 你刚给乜十块钱么，不够买一盒烟。

d. 给我一碗水。

e. 我奏想给你一个皮耳子_{巴掌}！

2. 表示取进

a. 你借过我一百块钱，你忘咧吗？啥时给我还呢？

b. 学校占咧村上五亩地。

c. 偷咧你几个西瓜，你到而个_{现在}还记着呢。

d. 买咧你三个母鸡，一个都不下蛋。

---

① 这个句子中的"人"意思是人家，可以指别人，也可以指说话人自己。

e. 我用三袋洋芋换咧乜一袋麦子。

f. 收咧□ [n̩ia53]_{人家}两条烟，两瓶酒。（泾源话）

3. 表示询问

a. 我问咧老师一个问题，把老师还问住咧。

b. 我们同学问我后儿个_{后天}去吗不去。

c. 我问他干达_{干爸}哪个医院好，他干达亚_也不知道。

4. 表示教示

a. 你截个_{今天}教咧我一个手艺啊！

b. 我教你织毛衣。

c. 小李教我学车着呢。

5. 表示通知、使动结果、动作数量等

a. 主任通知我晚上开会呢。

b. 急咧格_我一头汗。（西吉话）

c. 踢咧乜一脚，看把麻达趸下咧吗。

（二）双宾句特点

宁南三地话内部在双宾句的类型和使用上没有什么明显的差异。

比起普通话来说，宁南方言双宾句的类型和数量还是要少一些，这与宁南方言没有书面语，某些方面的表达不够丰富有关。像"大家叫她祥林嫂"这种类型的双宾句，宁南方言偶尔也可以说，但还是没有用其他同义句式那样自然。例如：

a. 我们都叫他超子着呢。

b. 我们都把他叫超子着呢。

双宾句一般都可以变换为其他同义句式。例如：

1a. 你借过我一百块钱，我记着呢，明儿个奏给你还。

→你给我借咧一百块钱，我记着呢，明儿个奏给你还。

2a. 你借过我一百块钱，你忘咧吗？啥时给我还呢？

→你连我借咧一百块钱，你忘咧吗？啥时给我还呢？

4b. 我教你织毛衣。

→我给你教织毛衣。

5a. 主任通知我晚上开会呢。

→主任给我通知说晚上开会呢。

5b. 急咧格我一头汗。

→急得格出咧一头汗。

5c. 踢咧乜一脚，看把麻达逜下咧吗。

→把乜踢咧一脚，看把麻达逜下咧吗。

变换最常用的办法，是用介词"给""连""把"等将指人宾语提前至谓语动词之前，多数还需要添加某些必要的成分，如1a、2a、4b、5a、5c等。有的采用其他的办法，如5b是将双宾句变成动补句。

有些句子采用双宾的形式最自然，换成其他的句式反而不符合表达习惯。例如：

3a. 我问咧老师一个问题，把老师还问住咧。

→？我连老师问咧一个问题，把老师还问住咧。

二、比较句

（一）比较句类型

1. "比"字句

"比"字句是宁南方言中最普遍的表示比较的句式，表示差比，三地话都说。例如：

    a. 红的比白的耐供_{耐脏}。

    b. 乜奈体体子比我强得多。

    c. 今年看戏的人比年时多些子。

    d. 他妈比后人_{儿子}还肥。

    e. 他妈比他娃还想浪去。（泾源回民话）

    f. 你步扁着去_{走路去}都比你开车快。

    g. 兀比我有本事。

    h. 奈比我睡得迟。

    i. 致会儿的光阴一年比一年好。

    j. 你比老五高吗？

    k. 老大比老二高咧半截子。

    l. 你肯定比我有方子。

    m. 手机用处比电脑多些儿。（西吉话）

    n. 衣裳大咧比碎咧好。

    o. 我比你大一辈。

2. "赶"字句

"赶"字句是原州话里比较老派的说法，也表示差比。例如：

a. 儿子赶女子争_{厉害}。

b. 我搞副业的时间赶种庄稼的时间长。

c. 而个_{现在}赶早已_{以前}强得多。

d. 种芹菜赶种麦子强。

e. 乜赶我会弄事。

f. 人家赶我会说话。

3. "连……一样"句

表示平比，宁南三地话都说。例如：

a. 你连你哥一样难缠。

b. 大路连小路一样远。

c. 我的车子连你们的不一样。

d. 我连他想的不一样。

e. 你连你舅舅一样木囊_{磨蹭}。

泾源回民话说"干……一样"，例如：

f. 你干外个人一样日眼。

g. 我手机干你的一样不一样？

4. "有"字句

表示平比，一般用于疑问句，宁南三地话都说。例如：

a. 我有他高吗？

b. 我有他高呢。

c. 我有那么猴吗？

d. 你有人家致么秀溜吗？

e. 截儿_{今天}有夜儿个_{昨天}热吗？

5. "没（有）"句

是对平比"有"字句的否定，"没有"比"没"用得多一些，宁南三地话都说。例如：

a. 奈他没你大。

b. 姐姐没妹妹好看。

191

c. 致个女子没有她姐长得乖。

d. 今年的生意没有年时_{去年}好。

e. 城里没有咱们农村好。

6.“哪哒有”句

以反问的形式否定平比“有”字句，宁南三地话都说。例如：

a. 长贵的手艺哪哒有他哥好呢？

宁南方言指处所的疑问代词除了说“哪哒”以外，固原部分地方也说“哪啊”，西吉话部分乡镇还说“啊哒”或“呀哒”，泾源回民话说“啊哒”。所以“哪哒有”这类比较句还可以说“哪啊有”“啊哒有”或“呀哒有”等。例如：

b. 我哪啊有你媳妇攒劲呢！

c. 房啊哒有窑好呢撒！

d. 兀时的社会呀哒有而个_{现在}好呢！

7.“不如”句

表达不及，宁南三地话都说。例如：

a. 你还不如你兄弟攒劲么。

b. 割麦子我们致个男人还不如女人。

c. 吃米饭不如吃面搅另_{简单}。

（二）比较句的否定

宁南方言表达比较的方式和普通话基本一致，两者的主要差别在于对“比”字句的否定形式上。

普通话有些“比”字句可以在“比”前加否定词“不”来否定。例如：

a1. 这座山比那座山高。

a2. 这座山不比那座山高。

b1. 有文化比没文化好。

b2. 有文化不比没文化好。

宁南方言"比"字句没有加否定词"不"的否定形式。要对这类比较句进行否定，只能采用别的形式。例如：

a1. 红的比白的耐供_{耐脏}。

a2.* 红的不比白的耐供。

a3. 红的没有白的耐供。

a4. 红的连白的一样耐供。

b1. 老大比老二高。

b2.* 老大不比老二高。

b3. 老大没有老二高。

b4. 老大连老二一样高。

"赶"字句的否定也一样。例如：

a1. 儿子赶女子争_{厉害}。

a2.* 儿子不赶女子争。

a3. 儿子没有女子争。

a4. 儿子连女子一样争。

b1. 你赶我会弄事。

b2.* 你不赶我会弄事。

b3. 你没有我会弄事。

b4. 你连我一样会弄事。

第七章　宁夏南部地区方言语法特点

宁夏南部六县区方言分属于中原官话下的秦陇（原州区、彭阳县、海原县）、陇中（西吉县、隆德县）、关中（泾源县）三个小片，各片之间的语法差异肯定是存在的。然而另一方面，宁南六县区在地理上有着共同的特点，都属于"山区"，在新中国成立后差不多五十年的时间里又同属一个地级行政区，社会、经济、文化生活联系密切，语言上又同属中原官话区。诸多的共同点又造成了宁南各地方言有着非常多的共同点和共通性。

一、内部差异性

宁南各地方言分属中原官话三个小片，方言内部在语法上有一定的差异。

仅从本项调查研究所关注的范围来看，几乎可以在每一个要讨论的语法项目中发现三地话的不同。例如西吉部分乡镇话和泾源回民话有通过屈折表达语法意义的现象，其他地方话没有；西吉话说"一根被面儿"，固原、泾源话不这样搭配；泾源话的否定副词"燮"，西吉话的否定副词"侯"，都是其他地方话里没有的；原州话的"欧达"表示远指，西吉话的"曹"义为"我们"，泾源汉民话的"囊么（个）"指代方式，都是独有的指代现象；西吉话的"臧"十分独特，主要起篇章连接的作用，原州话和泾源汉民话不说"臧"，但是说"掌"，作用基本一致；泾源回民话能用"吃得完吗"这样的"动＋得＋补"格式发问，其他话不这样说；原州话有语气词"呢"，西吉部分乡镇说"唻"，泾源回民话说"哩"。

不过，从举例中可以看到，宁南三地话在语法上的差异都是细微的、局部的，其中有一些差异还是因为词语的发音不同而形成的。

二、整体一致性

语法差异细微和局部的特点，从反面说明，宁夏南部地区方言语法整体上一致性很强。

在本项调查研究所观察和讨论的语法项目上，诸如词的重叠、派生，各类实词和虚词，拟音词，六种句式等，宁南方言语法整体上的一致性非常显著。比如说词的重叠形式，三地话几乎完全相同，常用的词缀也几乎完全相同。在名量词的搭配上，三地话有个别的差异，但绝大多数情况下，搭配都是一致的。在副词、代词、介词、连词、助词、语气词、叹词、拟声词这些词类项目以及六种句式项目中，差异很多情况下都是源自发音不同，用词不同。相对来说，词类中的代词部分，三地话的差异比较大，不过总体来看，仍然是差异性中显现出了很强的一致性。就拿远指代词来说，原州话主要说"奈"，西吉话主要说"兀"，泾源话"外""奈""兀"都说，看起来差异比较大。但是如果着眼于整个远指代词系统，可以发现整个系统都是由这几个基本远指代词及其衍生形式构成，由于各地话远指代词的衍生方式一致，因而衍生结果在差异中显示出了系统性和一致性。

三、对外独特性

受到独特的地理、历史、政治、社会、人文等因素的共同作用，宁夏南部地区方言语法作为一个整体有其独特性，这在与外部其他方言进行比较的时候，比如说和普通话比较的时候，体现得更为明显。

可以从以下几个方面来观察宁南方言语法的独特性。

第一，宁南方言词的重叠形式和普通话差异很大。比如说普通话动词重叠很普遍，可以采用 AA、ABAB、AABB 等多种形式，如"看看""打扮打扮""写写画画"等，而宁南方言动词通常情况下都不能重叠，只能采用在动词后加"一下""卡"等来表达相关的意义，如"看一下""打扮卡"等。

第二，宁南方言有一些词缀普通话没有，例如"致达""兀达"的"达"，"跑球子""算球子"中的"球子"等。

第三，宁南方言量词与普通话相比很贫乏，量词"个"的使用相当普遍。

第四，宁南方言表示程度时通常选择"好得很""美得劲大""乏日踏咧"这种中补形式，因此作补语的程度副词数量较多，而普通话一般不采用这种表达形式，因此能作补语的程度副词极少。

第五，宁南方言指代词比较丰富且有特色，如"曹""乜""致""兀""外""咋么个"等用词普通话都没有，宁南方言指代系统与普通话指代系统有着很不相同的面貌。

第六，宁南方言的介词和连词系统没有普通话发达，尤其是关联形式比较欠缺，意合关联的比重要大很多，这与两种方言里有无书面语有一定的关联。

第七，宁南方言的结构助词、动态助词与普通话相比有很多具体的不同，例如普通话一般用助词"着"表示"持续"，而宁南方言是用"下"，普通话说"他手里拿着一个杯子"，宁南方言说"他手里端下一个缸子"。

第八，宁南方言语气词丰富且有特色，三个语气词连用的形式也不少，例如"你看驴跑咧＋着＋撒""兀个娃娃不当_{可怜}的＋么＋昂"等，普通话语气词三个连用的情况较少。

第九，普通话处置句中的能愿动词、否定词一般只能出现在处置标记之前，而宁南方言一般需要放在处置标记之后，例如普通话说"你没把人家放在心上"，宁南方言说"你把乜没放着心上"。

以上只是举例性质的呈现，涉及构词、构形、用词、表达形式、关联形式、结构语序等多个方面，从这些方面大致可以看到宁南方言语法的独特之处。

四、发展变化性

社会在发展变化，人的思想认识在发展变化，语言也在发展变化。尤其在城镇化持续推进的大背景下，在人员流动日趋频繁和语言交流日益密切的情况下，方言的发展变化超出了人们的想象，宁南方言也不例外。

宁南方言发展变化总的趋势是向原州话集中，向普通话靠拢。和宁南方言相比，普通话是强势语言；和西吉话、泾源话相比，原州话是强势语言，因为原州区是固原市的行政、经济、文化中心。

宁南方言发展变化呈现着加速度的趋势。会说地道的各县区方言的人越来越少了，中青年人说的宁南方言受到外部语言的影响和渗透十分明显，新新一代在学校、家庭经常说普通话，他们所说的方言已不太是爷爷奶奶说的那个方言了。

举例来说，地道的宁南方言名量词数量有限，量词"个"的使用范围极其普遍，然而受到普通话的影响，宁南方言中"个"的使用范围在明显收缩，以前不说的一些量词在青少年和幼儿口中经常可以听到。从以下的对比可以比较直观地看出，宁南方言量词随着时代的改变而在快速地发展变化。

老年人	青少年	幼儿
一个牛	一个 / 头牛	一头 / 个牛
一个狗	一个 / 只狗	一只 / 个狗
一个马	一个 / 匹马	一匹 / 个马
一个鱼儿	一个 / 条鱼儿	一条 / 个鱼儿

结　语

宁夏南部地区方言是一座宝库，有着丰富而有价值的宝藏，等待着有心人去探查和发掘。然而限于时间和条件，本项调查研究对宁夏南部地区方言语法的探查发掘还十分有限，留下了很多欠缺和不足。

第一，调查研究的范围还不够开阔。本课题重点研究了词类和常用句式两个方面，其他如句子的结构类型、功能类型、复句等方面的问题没有专章讨论，这就使得课题对于宁南方言语法面貌的观察还不够全面，研究视野还不够开阔。

第二，调查研究的深度还有待开掘。如果能将宁南方言语法与古近代汉语语法进行纵向的比较，就某些问题与相关其他民族语言（如突厥语、蒙古语等）语法进行横向的比较，研究就会更加地深入，很多费解的语法现象就会得到说明。总的来说，本课题的研究多停留在描写层面，比较缺乏有深度的解释，例如从历时发展的角度，从横向接触的角度，从历史、文化、认知的角度，等等。

第三，调查研究的理论方法还比较传统和单一。由于主要侧重于描写，未从纵向、横向的角度进行探源，未从历史、文化、认知等角度进行解释，因而课题所用到的研究方法相对来说比较传统和单一，历史语言学、语言接触学、文化语言学、认知功能语言学等领域的理论方法都较少采用。

以上所述既是本课题成果存在的不足，实际上也包含了若干问题，需要继续深入调查和探究。

参考文献

1. 著作类

[1] 曹志耘. 南部吴语语音研究. 北京：商务印书馆，2002.

[2] 黄伯荣. 汉语方言语法调查手册. 广州：广东人民出版社，2001.

[3] 黄伯荣，廖旭东. 现代汉语（增订四版）（下册）. 北京：高等教育出版社，2007.

[4] 贾莹. 兰州方言语法研究. 兰州：兰州大学出版社，2016.

[5] 教育部语言文字信息管理司，中国语言资源保护研究中心. 中国语言资源调查手册·汉语方言. 北京：商务印书馆，2015.

[6] 兰宾汉. 西安方言语法调查研究. 北京：中华书局，2011.

[7] 李树俨，李倩. 宁夏方言研究论集. 北京：当代中国出版社，2001.

[8] 连淑能. 英汉对比研究. 北京：高等教育出版社，1993 年.

[9] 林涛. 宁夏方言概要. 银川：宁夏人民出版社，2012.

[10] 刘丹青. 语法调查研究手册. 上海：上海教育出版社，2008.

[11] 吕叔湘. 吕叔湘文集（第三卷）. 北京：商务印书馆，1992.

[12] 吕叔湘. 现代汉语八百词（增订本）. 北京：商务印书馆，1999.

[13] 莫超. 西北方言文献研究. 北京：北京大学出版社，2014.

[14] 钱曾怡. 汉语官话方言研究. 济南：齐鲁书社，2010.

[15] 乔全生. 晋方言语法研究. 北京：商务印书馆，2000.

[16] 王克明. 听见古代：陕北话里的文化遗产. 北京：中华书局，2007.

[17] 邢福义. 汉语语法学. 长春：东北师范大学出版社，1996.

[18] 邢向东. 神木方言研究. 北京：中华书局，2002.

[19] 邢向东. 陕北晋语语法比较研究. 北京：商务印书馆，2006.

[20] 邢向东，张永胜. 内蒙古西部方言语法研究. 呼和浩特：内蒙古人民出版社，1997.

[21] 徐赳赳. 现代汉语篇章语言学. 北京：商务印书馆，2010.

[22] 杨占武. 回族语言文化. 银川：宁夏人民出版社，2010.

[23] 杨子仪，马学恭. 固原县方言志. 银川：宁夏人民出版社，1990.

[24] 游汝杰. 汉语方言学教程（第二版）. 上海：上海教育出版社，2016.

[25] 张安生. 同心方言研究. 北京：中华书局，2006.

[26] 张谊生. 现代汉语虚词. 上海：华东师范大学出版社，2000.

[27] 张谊生. 现代汉语副词. 上海：学林出版社，2000.

[28] 赵元任. 汉语口语语法. 北京：商务印书馆，1979.

[29] 中国社会科学院语言研究所. 方言调查字表（修订本）. 北京：

商务印书馆，1981.

[30] 中国社会科学院语言研究所词典编辑室. 现代汉语词典（第7版）. 北京：商务印书馆，2016.

[31] 中国社会科学院, 澳大利亚人文科学院. 中国语言地图集. 香港：朗文（远东）出版有限公司，1987.

[32] 中国社会科学院语言研究所，中国社会科学院民族学与人类学研究所，香港城市大学语言资讯科学研究中心. 中国语言地图集（第2版）. 北京：商务印书馆，2012.

[33] 朱德熙. 语法讲义. 北京：商务印书馆，1982.

2. 论文类

[1] 曹德和. 巴里坤话的轻音词. 新疆大学学报（哲学社会科学版），1987（3）.

[2] 曹剑芬. 连读变调与轻重对立. 中国语文，1995（4）.

[3] 曹志耘. 敦煌方言的声调. 语文研究，1998（1）.

[4] 方梅. 自然口语中弱化连词的话语标记功能. 中国语文，2000（5）.

[5] 冯成林. 试论汉语时间名词和时间副词的划分标准. 陕西师大学报（哲学社会科学版），1981（3）.

[6] 高葆泰. 宁夏方言的语音特点和分区. 宁夏大学学报（社会科学版），1989（4）.

[7] 黑维强. 陕北绥德话带"日"字头词语. 方言，1996（2）.

[8] 李倩. 中宁方言两字组的两种连调模式. 李树俨、李倩. 宁夏方

言研究论集. 北京: 当代中国出版社, 2001.

[9] 李莎. 汉语轻声的成因. 云南师范大学学报 (对外汉语教学与研究版), 2007 (5).

[10] 李树俨. 汉语方言的轻声. 语文研究, 2005 (3).

[11] 李生信. 宁夏方言研究五十年. 宁夏大学学报 (人文社会科学版), 2008 (5).

[12] 李生信. 回族聚居区的文化特征及其对汉语方言变体的影响. 北方民族大学学报 (哲学社会科学版), 2016 (4).

[13] 李宗江. "这下"的篇章功能. 世界汉语教学, 2007 (4).

[14] 廖秋忠. 现代汉语篇章中的连接成分. 廖秋忠. 廖秋忠文集. 北京: 北京语言学院出版社, 1992.

[15] 林焘. 现代汉语轻音和句法结构的关系. 马庆株. 二十世纪现代汉语语法论文精选. 北京: 商务印书馆, 2005.

[16] 刘丹青. 汉语方言语法调查问卷. 方言, 2017 (1).

[17] 刘俐李. 论焉耆方言的变调类型. 语言研究, 2000 (1).

[18] 雒鹏. 甘肃省的中原官话. 方言, 2008 (1).

[19] 马企平. 临夏方言语法初探. 兰州学刊, 1984 (1).

[20] 马学恭. 原州话否定词语札记. 固原师专学报 (社科版), 1981 (1).

[21] 潘悟云. 汉语否定词考源——兼论虚词考本字的基本方法. 中国语文, 2002 (4).

[22] 彭泽润. 论"词调模式化". 当代语言学, 2006 (2).

[23] 王军虎. 西安方言的几个句法特点. 西北大学学报 (哲学社会

科学版），1997（3）.

[24] 五臺. 关于"连读变调"的再认识. 语言研究，1986（1）.

[25] 邢向东. 论西北方言和晋语重轻式语音词的调位中和模式. 南开语言学刊，2004（1）.

[26] 邢向东，郭沈青. 晋陕宁三省区中原官话的内外差异与分区. 方言，2005（4）.

[27] 邢向东，马梦玲. 论西北官话的词调及其与单字调、连读调的关系. 中国语文，2019（1）.

[28] 许家金. 汉语自然会话中话语标记"那（个）"的功能分析. 语言科学，2008（1）.

[29] 杨苏平. 隆德方言研究. 河北大学博士学位论文，2016.

[30] 杨子仪. 原州话语法特点撮要. 宁夏大学学报（社科版），1986（1）.

[31] 杨子仪. 西吉音略. 固原师专学报，1989（4）.

[32] 于国栋，吴亚欣. 话语标记语的顺应性解释. 解放军外国语学院学报，2003（1）.

[33] 张安生. 宁夏同心话的选择性问句——兼论西北方言"X 吗 Y"句式的来历. 方言，2003（1）.

[34] 张安生. 宁夏境内的兰银官话和中原官话. 方言，2008（3）.

[35] 张成材. 西宁方言记略. 方言，1980（4）.

[36] 张成材. 西北方言语法调查提纲. 固原师专学报，1991（2）.

[37] 张建军. 河州方言语音研究. 陕西师范大学，2009.

[38] 张俊阁. 明清山东方言指示词"这""那"与"这么""那么"

及其连词化. 鲁东大学学报（哲学社会科学版），2011（2）.

[39] 张维佳，张洪燕. 远指代词"兀"与突厥语. 民族语文，2007
（3）.

[40] 赵元任. 北平语调的研究. 赵元任语言学论文集. 北京：商务
印书馆，2002.

[41] 赵元任. 国语语调. 赵元任语言学论文集. 北京：商务印书馆，
2002.

[42] 周一民. 北京话的轻音和语法化. 北京社会科学，2005（3）.

[43]Т．П．扎多延柯. 汉语弱读音节和轻声的实验研究. 中国语文，
1958（12）.

后　记

　　2015 年，我申请的宁夏社会科学规划项目"宁夏南部山区方言语法比较研究"获准立项。这是我从事方言语法研究的一个起点。我开始对语法研究感兴趣，最早是在宁夏大学读硕士的时候。到北京师范大学读博士时，开始比较系统地学习现代汉语语法学。来到宁夏大学工作后，一直想将自己的研究方向转到方言学方面，目的是想将自己的所学运用到我的家乡宁夏的方言研究上。不过，科研方向的转变并不容易，尤其是方言研究有比较高的门槛，更增加了转向的难度。再难也要开始。之前学习的是现代汉语语法，我的母语是宁夏方言，因此将科研方向转到宁夏方言语法研究，应该是最可行的一条路。于是，我便开始申请宁夏方言语法方面的科研项目。

　　项目立项了，但实际上我还不会做方言语法研究。好在我有机会于2016 年和 2017 年做了两个语保课题，一个是"宁夏汉语方言调查·固原"，一个是"宁夏汉语方言调查·西吉"。在做这两个语保项目的过程中，算是积累了一些汉语方言调查研究的知识、方法和经验。在这样的基础上，我开始了宁夏南部山区方言语法的正式调查，然后整理材料，补充调查，撰写书稿，一路跌跌撞撞，最后总算有惊无险地按期结项了。

2018 年这个项目结项后，书稿一放就是几年，一直到最近，才重新打开这部粗糙的书稿。我导师蔡永贵先生曾经分享过一句话，叫"将军赶路，不追小兔"，这句话表面上平淡无奇，实际上很有深意，很能反映我这几年的情况。现在仔细回想，这几年，我用到教学科研上的时间并不多，大量的时间淹没在事务性的工作中了。因为追了小兔而影响了赶路，这是这部书稿一放就是几年的主要原因。

书稿匆匆改了一遍，看着好像有点模样。不过，无论是从分量上还是质量上，这部书稿还太单薄肤浅，离自己当初设定的目标，以及一部合格的方言语法研究著作，还有很远的距离。书稿所呈现和挖掘的材料，于宁夏南部山区方言语法这座宝库来说，也只是冰山一角。现在，只能把这部书稿的出版当作一个新的开始，希望在未来的时光里，自己能在方言语法这座巨大的宝库里，开采出更多更好的宝藏，呈现给喜爱方言、喜爱家乡语言文化的人们。

曾经请教过的专家学者，我的老师，我的领导和同事，我的调查合作人，很多人，都对这部书稿的完成和出版给予过宝贵的支持和帮助，衷心感谢所有支持和帮助过我的人！

感谢宁夏大学社科处处长胡玉冰先生和文学院党委书记张培松先生，两位领导十分关心和支持本书的出版。

感谢宁夏人民出版社的管世献编辑。我主编的教材《实用现代汉语》2015 年出版，责任编辑就是管世献老师。他的认真、耐心、专业给我留下了很深的印象，这次出版这部书稿，还是请他做责任编辑。

感谢宁夏师范学院马军丽、高顺斌、朱富林三位老师。马军丽老师全程参与了本项目的调查，为调查的顺利进行贡献了很多的智慧和辛劳。

高顺斌和朱富林两位老师也曾对项目调查给予宝贵的支持和帮助。

特别感谢我的妻子杨秀蓉和其他家人。平时在单位上班，节假日忙于调研，很少有时间陪伴家人，分担家事和家务。妻子任劳任怨，将家庭事务安排得井井有条，儿子也越来越上进和独立，家人们永远的支持和帮助，这是我做好工作的最大动力。

杨晓宇

2023 年元旦于银川